Bildnachweis
Alle Fotos wurden von Gerhard Launer aufgenommen,
mit Ausnahme der folgenden:
7. Mai: Tobias Launer; 20. August: Tobias Launer

Originalausgabe
Copyright © 2004 von dem Knesebeck Gmbh & Co. Verlags KG, München
Ein Unternehmen der La Martinière Groupe

Bibliografische Information Der Deutschen Bibliothek
Die Deutsche Bibliothek verzeichnet diese Publikation in der
Deutschen Nationalbibliografie; detaillierte bibliografische
Daten sind im Internet über http://dnb.ddb.de abrufbar.

Gestaltung: Fabian Arnet
Lektorat: Eva Betz
Satz: satz & repro Grieb, München
Lithographie: Karl Dörfel, München
Druck: Uhl, Radolfzell
Printed in Germany

ISBN 3-89660-209-8

Alle Rechte, insbesondere das Recht der Vervielfältigung und Verbreitung,
vorbehalten. Kein Teil des Werkes darf in irgendeiner Form (durch Fotokopie,
Mikrofilm oder ein anderes Verfahren) ohne schriftliche Genehmigung
des Verlags reproduziert oder unter Verwendung elektronischer Systeme
verarbeitet, vervielfältigt oder verbreitet werden.

www.knesebeck-verlag.de

Gerhard Launer

Deutschland von oben
Tag für Tag

Mit Texten von
Rainer Greubel

KNESEBECK

Der Fotograf Gerhard Launer in seiner Cessna. Seine Kamera ist exakt den Erfordernissen in der Luft angepasst.

Der Überflieger

Am liebsten blickt Gerhard Launer aus der Vogelperspektive auf die Welt, auf Deutschland. Seit mehr als 25 Jahren fliegt er über Helgoland, die Alpentäler, verschneite Schlösser und Seen. Es gibt kaum eine Landschaft, einen Ort oder eine Stadt, die er noch nicht so fotografiert hat. Mit seiner Cessna sucht er immer weiter nach ungewöhnlichen Motiven und Stimmungen.

Ein Überflieger war er bereits als Kind: als andere Jungs noch von einer Karriere als Feuerwehrmann träumten, wollte er Geiger werden. Und der Unterricht zeigte schnell Erfolge. Tibor Varga, der berühmte Violinist aus Ungarn, lud ihn als Zehnjährigen zu sich in die Schweiz ein, um mit ihm an der Geige zu arbeiten. Mit 14 Jahren studierte er neben der Schule am Konservatorium in Würzburg. Die Geige als Beruf, das stand für ihn fest – bis ein Autounfall den Traum abrupt beendete.

Aber Gerhard Launer entfaltete seine Kreativität in einem neuen Metier: Er wandte sich dem Grafikdesign-Studium an der Fachhochschule Würzburg zu. Die Kamera wurde dabei zu seinem ständigen Begleiter. Er entdeckte das Fliegen. Und so wurden Visionen in die Tat umgesetzt. Launer ließ sich zum Privat- und schließlich zum Berufspiloten ausbilden, aktivierte die Kamera, baute sie ins Flugzeug ein und wurde Luftbildfotograf.

Er entwickelte sich zum Multitalent über den Wolken: Pilot, Navigator und Fotograf in einer Person. Die ersten Fotos waren, wie er sich lachend erinnert, noch recht wackelig. Es erfordert eben einige Übung, die Cessna in Position zu bringen und im richtigen Moment abzudrücken. Doch aus dem Provisorium wurde schnell ein professionelles Luft-Fotostudio: Auf dem Platz des Co-Piloten steht ein Stativ mit Holzkasten, auf dem die Kamera befestigt ist. Die »Wackler«, die am Anfang noch die Bildqualität beeinträchtigten, werden heute durch eine kleine Feder ausgeglichen, die unterhalb des Holzkastens angebracht ist. Zur Ausrüstung gehört auch eine spezielle Fototüre, die der Kamera den Blick freigibt. In den ersten Jahren war Launer noch ohne Türe geflogen, damit kein störendes Glas vor der Linse die Qualität der Aufnahmen verschlechterte. Weil es in 500 Meter Höhe doch recht kalt und zugig werden konnte, ließ er sich die Fototüre mit einer speziellen Linsen-Öffnung anfertigen. Seit kurzem fotografiert er digital. So kann er mit einem Laptop an Bord das Ergebnis direkt nach dem Auslösen kontrollieren.

Kaum in der Luft, fesseln Launer überraschende Perspektiven altbekannter Sehenswürdigkeiten, großer Städte, Ortschaften und Einsiedeleien. Er entdeckt seltsame Formationen in Feld und Wald, in den Bergen, im Wasser. Er löst Landschaften in Strukturen auf, geht Spuren von Mensch und Tier und der Einsamkeit entlegener Schneelandschaften nach. Er liebt Abendstimmungen. Farbbilder von unglaublicher Schönheit erinnern an Gemälde von Altdorfer oder auch Emil Nolde. Launer notiert Licht und Schatten, Nebel und sternenklare Himmel. Bisweilen werden wir in die abstrakte Welt der Himmelsformationen entführt.

Bis zu acht Stunden ohne Unterbrechung ist Gerhard Launer oft unterwegs. Ist ein passendes Motiv in Sicht, sind Konzentration und Koordination gefordert: Mit dem Steuerknüppel in der linken, dem Fernauslöser in der rechten Hand, wendet er sich der Kamera zu und blickt durch den Sucher. Jetzt folgt virtuose Feinarbeit, bei der es auf die Sekunde ankommt – eine schnelle Kurskorrektur, der Druck auf den Auslöser im richtigen Moment, und das Bild ist im Kasten beziehungsweise auf dem Laptop.

In den letzten zwanzig Jahren sind auf diese Weise über 100 000 Fotografien entstanden. Einen Teil der schönsten davon zeigt Launer in diesem Band. In *Deutschland von oben – Tag für Tag* erleben wir das wunderbar vielfältige und sich wandelnde Gesicht Deutschlands im Lauf der Jahreszeiten. Sie sind eingeladen, Tag für Tag in diesem Band zu schmökern, zu staunen und nachzudenken über unser Land…

Herneid von dem Knesebeck

1. Januar | Die Alpen | Bayern

Wie alle Gebirge, so sind auch die Alpen durch Kräfte im Erdinneren entstanden, welche die äußere, bis zu siebzig Kilometer dicke Erdkruste ständig verändern. Sechs große und einige kleinere Kontinentalplatten bewegen sich auf dem zähflüssigen Untergrund des Erdmantels wie Eisschollen auf dem Wasser. Ein von der afrikanischen Platte lösgelöster Kontinentalsplitter, die adriatische Platte, schob sich vor fünfzig Millionen Jahren 150 Kilometer weit über den Südrand der europäischen Platte hinweg. Dabei wurden die Sedimente beider Platten zu hohen Bergen aufgefaltet.

2. Januar | Ein Heißluftballon bei Kempten | Bayern

Kempten ist die älteste urkundlich erwähnte Stadt Deutschlands. Bereits im Jahr 18 n. Chr. schrieb der Grieche Strabon in seinem Werk *Geographika* über die römische Siedlung Cambodunum. Die Römer hatten sich rechts der Iller auf dem Lindenberg niedergelassen. Die heutige Stadt entstand auf den gegenüberliegenden Flussterrassen. Kempten erarbeitete sich seinen wirtschaftlichen Aufschwung unter anderem über Milchprodukte wie Allgäuer Emmentaler (seit 1827), kleine, aber früh hoch technisierte Fabriken und den Anschluss an das Eisenbahnnetz 1852. In der deutschen Käsemetropole sind mittlerweile »saubere« Zukunftsbranchen (Elektronik) angesiedelt.

3. Januar | Oberstdorf | Bayern

Die Bergwelt um das Nebelhorn (2224 Meter) und das Fellhorn (2037 Meter) zählt zu den großen Skigebieten der deutschen Alpen. Publikumsmagnet ist alljährlich die Skiflugschanze, auf der die internationale Elite eines der Springen der Vierschanzentournee austrägt. Aber auch im Sommer zählt Oberstdorf zu den meistbesuchten Urlaubszielen in Süddeutschland. Jährlich sind hier rund 2,5 Millionen Gästeübernachtungen zu verzeichnen. Das Ortszentrum des heilklimatischen Kur- und Erholungsortes ist seit langem autofreie Zone.

4. Januar | Riedenburg | Bayern

Über Riedenburg und dem Schambachtal liegt Schloss Rosenburg in der Abendsonne. Tagsüber zeigen dort Falkner die Flugkunst ihrer Greifvögel. Bei Riedenburg fließt die natürliche Altmühl seit den 1990er Jahren nicht mehr. Sie ist in den von Nürnberg kommenden Main-Donau-Kanal integriert, mit dessen Eröffnung am 25. September 1992 die letzte verbliebene Lücke zwischen Nordsee und Schwarzem Meer geschlossen wurde. Damit erfüllte sich ein jahrhundertealter Traum: Bereits 793 war Karl der Große mit einem Kanalbau zwischen Rezat und Altmühl gescheitert. Der Kanal von König Ludwig I. im 19. Jh. führte immerhin von Bamberg nach Nürnberg, erreichte jedoch aufgrund der konkurrierenden Eisenbahnverbindungen keine Wirtschaftlichkeit.

5. Januar | Die Alte Mainbrücke in Würzburg | Bayern

Im Jahr 1133 errichtete Baumeister Enzelin in Würzburg eine erste Steinbrücke über den Main. Endlich konnten die Fürstbischöfe ungehindert von ihrem weltlichen Herrschersitz auf der Festung Marienberg zum Dom gelangen, um ihr geistliches Hirtenamt wahrzunehmen. Nachdem Eisgang die Brücke zerstört hatte, baute man im 15. Jh. die steinernen Pfeiler, die heute noch stehen. Die Fahrbahn bestand zwei Jahrhunderte lang aus einer Holzkonstruktion; erst dann folgte der komplette steinerne Ausbau mit der Einwölbung des letzten Jochsteins 1703. Unter der Brücke befinden sich eine Schleuse für die Mainschifffahrt, eine Floßgasse und ein E-Werk.

6. Januar | Die Auwälder bei Höchstädt | Bayern

Die winterstarren Fischteiche in den Auwäldern bei Höchstädt an der Donau lassen nicht ahnen, dass sich hier am 13. August 1704 in einem schlimmen Gemetzel das Schicksal Bayerns für ein Jahrzehnt entschied. Während des spanischen Erbfolgekrieges vernichteten Prinz Eugen und der Herzog von Marlborough ein bayerisch-französisches Heer. Mehr als 20 000 Gefallene forderte die Schlacht bei Höchstädt, auch Schlacht von Blenheim genannt, durch die Bayern unter den Machtbereich Österreichs fiel und Ludwig XIV. sein Prestige verlor. Aus Stolz über den Sieg tauften die Herzöge von Marlborough ihren Sitz bei Oxford in Blenheim Palace um.

7. Januar | Das Sandwatt bei Wangerooge | Niedersachsen

Zwischen Wangerooge und dem Festland fällt dieses Sandwatt bei Ebbe trocken. Im Gegensatz zum Schlickwatt ist es trittfest, und ein Wanderer hinterlässt fast keine Fußabdrücke. Trotzdem kann man die östlichste der Ostfriesischen Inseln nicht vom Festland aus über das Watt erwandern, denn der Weg wird durch tiefe Rinnen unterbrochen. Sandwatt findet man im Wattenmeer am häufigsten, hauptsächlich dort, wo die Strömungsgeschwindigkeit groß ist: in der Nähe der offenen See oder an den Rändern von Prielen und an Außensänden. An den Kothaufen des Pierwurms ist es leicht zu erkennen. Sandwatt besteht aus einer zehn Zentimeter dicken, hellen, sauerstoffreichen Schicht, auf die eine dunkle, sauerstoffarme Schicht folgt.

8. Januar | Die vereiste Oberfläche des Altmühlsees | Bayern

Der in den 1980er Jahren in einem weiten, flachen Wiesengrund geschaffene Altmühlsee gehört zu einem Wasserspeicher- und Überleitungssystem, das Altmühl- und Donauwasser in das Regnitz-Main-Gebiet leitet. Sein Wasser erhält der Altmühlsee vor allem von den Hochwassern der Altmühl; die Sommerhochwasser, die früher im mittleren Altmühltal landwirtschaftliche Schäden verursachten, werden so aufgefangen. Der Abfluss geht zum Brombachsee, einem weiteren künstlich geschaffenen Gewässer der Fränkischen Seenplatte, die heute als Freizeit- und Erholungsgebiet genutzt wird. Die über einen Quadratkilometer große Insel- und Flachwasserzone des Altmühlsees ist ein Vogelschutzgebiet.

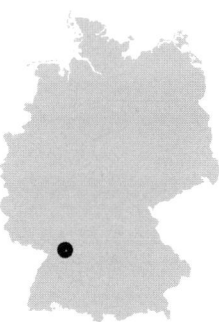

9. Januar | Der Ölhafen von Karlsruhe | Baden-Württemberg

Der 1963 fertig gestellte Ölhafen von Karlsruhe liegt sieben Kilometer stromabwärts der barocken Residenzstadt direkt am Rhein bei Neureut. In den Tanks lagern Mineralölprodukte der Raffinerien. 15 Prozent der Erzeugnisse der nahe gelegenen Raffinerie MiRO werden über den Wasserweg transportiert. 1998 wurden 3 137 879 Tonnen Flüssiggut umgeschlagen; damit verzeichnet der Hafen den höchsten Mineralölumschlag aller europäischen Binnenhäfen. Ursprünglich hatte man im Karlsruher Rheinhafen einen Petroleumhafen angelegt, der aber seit den Nachkriegsjahren nicht mehr genügend Kapazitäten für den wachsenden Güterumschlag hatte.

10. Januar | Eine Almhütte bei Bad Hindelang | Bayern

Bad Hindelang ist ein Klimakurort und beliebter Wintersportplatz. Im Skizirkus tummeln sich Skifahrer, Snowboarder und Rodelfreunde gleichermaßen. Von alledem merkt man im Naturschutzgebiet Rettenbachtal rund um den Großen Daumen (2280 Meter) nichts. In dem Bergmassiv zwischen Oberstdorf und Bad Hindelang herrscht Winterruhe. Die Almhütte am Rotspitz bleibt verlassen, bis die Senner im Frühjahr wieder die Kühe auftreiben.

11. Januar | Die Rachelkapelle im Bayerischen Wald | Bayern

Die genaue Zahl von Feldkreuzen, Marterln und Kapellen im Bayerischen Wald kennt niemand. Doch um viele rankt sich eine Entstehungsgeschichte – so auch um die Rachelkapelle. Vor über hundert Jahren soll der bayerische Forstmeister Ludwig Leythäuser sich im dichten Nebel im Rachel-Lusen-Gebiet verirrt haben. Als sein Pferd plötzlich scheute und stehen blieb, versuchte er, es zum Weitergehen anzutreiben, was ihm jedoch nicht gelang. Er stieg ab und bemerkte, dass er unmittelbar vor dem Abgrund der Rachelseewand stand. Aus Dankbarkeit für seine Rettung stiftete der Forstmeister an dieser Stelle 1885 eine Kapelle.

12. Januar | Ein Küstenmotorschiff bei Brunsbüttel | Schleswig-Holstein

Ein Bugsierkutter hilft einem Küstenmotorschiff beim Wenden vor dem Elbhafen von Brunsbüttel. Schon 1286 fand der Ort Erwähnung, als sich seine Bewohner in einer Urkunde verpflichten mussten, in Zukunft keine Hamburger Schiffe mehr anzugreifen und alle Seeräuber aus ihrer Stadt zu vertreiben. Die Nähe des Elbstroms und des Nord-Ostsee-Kanals prägt die wirtschaftliche Situation Brunsbüttels. 1917 siedelte sich dort die erste Düngemittelfabrik an, zehn Jahre später die Petrochemie, und 1959 wurde der erste Ölhafen gebaut. Seit 1967 bietet der Elbehafen Schiffen mit einem Tiefgang von bis zu 13 Metern alle notwendigen Umschlagmöglichkeiten.

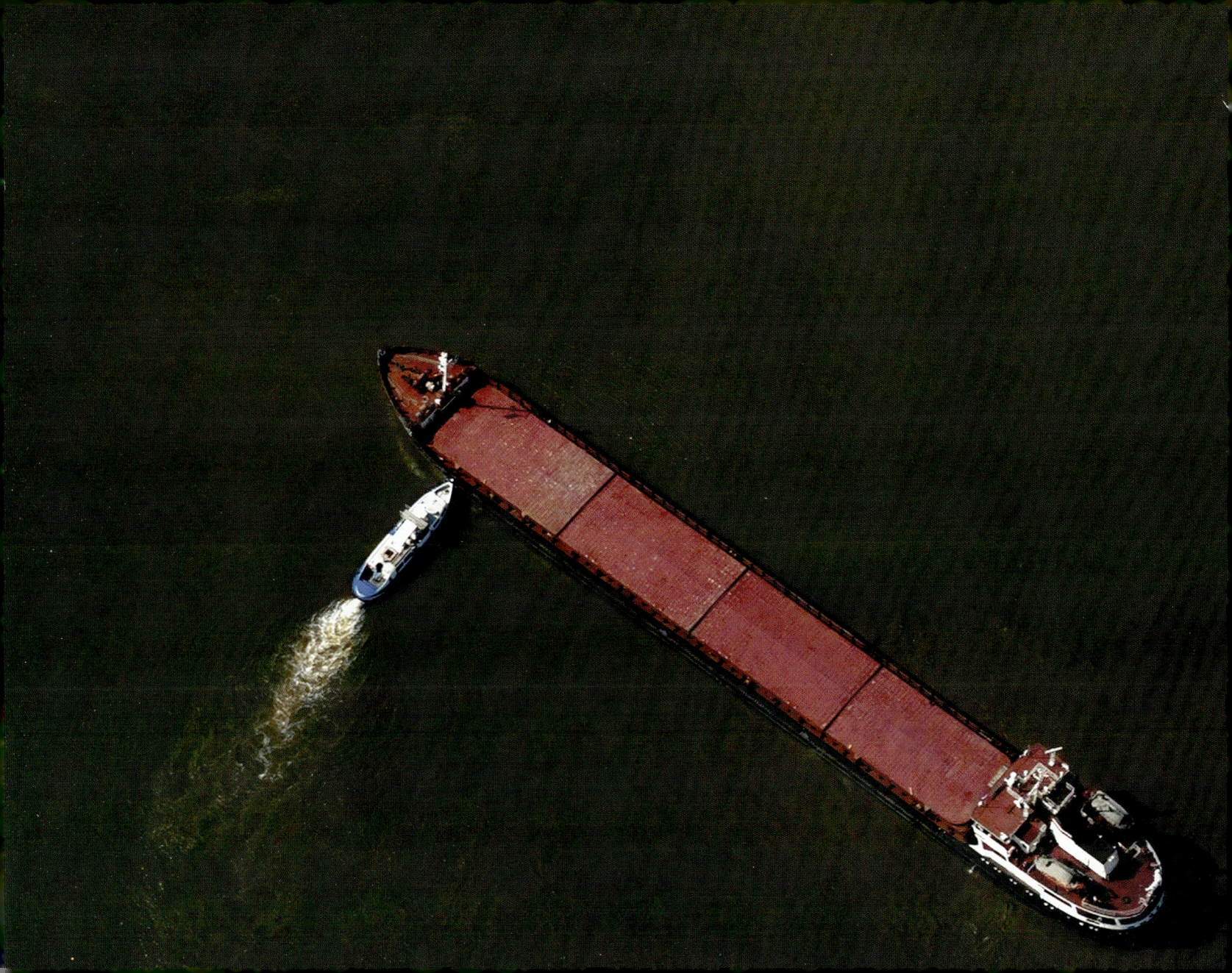

13. Januar | Der Nationalpark Berchtesgaden | Bayern

Im südöstlichsten Eck Deutschlands befindet sich der 1978 eingerichtete Nationalpark Berchtesgaden, der 1990 von der Unesco als Biosphärenreservat ausgewiesen wurde. Er grenzt an Österreich und schließt den Königssee und den Watzmann ein. Mit dem Wilden Alpenveilchen, der Christrose und dem Österreichischen Bärenklau beherbergt der Nationalpark ostalpine Pflanzen, die sonst nicht mehr zu finden sind. Als Pufferzone liegt nördlich von ihm ein 250 Quadratkilometer großes Vorfeld, in dem eine naturverträgliche Landnutzung stattfinden kann. Das Nebeneinander von Tourismus und Naturschutz wird durch eine Lenkung der zahlreichen Besucher möglich.

14. Januar | Bei Landshut | Bayern

Den Naturraum zwischen Donau und Alpen formten die Eiszeiten. Die Isar grub sich mit den Wassermassen abschmelzender Gletscher zwischen Moosburg und Landau einen Durchbruch durch das Hügelland und führt bis zum heutigen Tag Schuttmassen aus den Alpen mit. Bei Landshut entspringen die Kleine und die Große Vils, die parallel zur Isar fließen. Alle Bäche und Flüsse strömen nach Nordosten zur Donau hin.

15. Januar | Loipen bei Schwangau | Bayern

Zwischen dem Bannwaldsee und dem Tegelberg bei Schwangau hat der Winterdienst Loipen gespurt. Sie beginnen im heilklimatischen Luftkurort Schwangau und führen durch das Naturschutzgebiet Ammergauer Alpen. Diese flache Vorlandbucht liegt etwa 800 Meter über dem Meeresspiegel. Ganz in der Nähe thronen die berühmten Königsschlösser Neuschwanstein und Hohenschwangau auf ihren Felsen. Sie wurden nach Plänen des Märchenkönigs und Wagner-Verehrers Ludwig II. errichtet.

16. Januar | Parsberg | Bayern

Acht Jahrhunderte lang hatte das Geschlecht der Herren von Parsberg seinen Sitz auf der Burg über dem Ort. Der Parsberger Adel war mit wichtigen Häusern versippt und brachte Bischöfe, Domherren, Reichsschultheiße und Ritter hervor. Nach dem Aussterben des Rittergeschlechts ging die Herrschaft 1730 an die Grafen von Schönborn über, bis 1810 der bayerische Staat die Nachfolge antrat. Das Wechselspiel von Aufbau und kriegerischer Zerstörung blieb auch der Parsberger Burg im Laufe der Geschichte nicht erspart; die letzte Version der unteren Burg entstand 1650. Die Pfarrkirche St. Andreas soll Hans von Parsberg im Jahre 1459 erbaut haben. Der heutige Kirchenbau zeigt sich im neubarocken Stil mit einem älteren Barockturm.

17. Januar | Die Harburg | Bayern

Die Harburg thront auf einem Felsen der Frankenalb, dort, wo die Wörnitz den Rand des Rieskraters durchbricht, der seine Existenz einem Meteoriteneinschlag verdankt. In der größten erhaltenen Burg Süddeutschlands, 1093 erstmals urkundlich erwähnt, residierten die Fürsten von Oettingen-Wallerstein. Im Hauptgebäude ist heute die fürstliche Kunstsammlung untergebracht, eine der bedeutendsten privaten Sammlungen dieser Art. Sie umfasst unter anderem Handschriften, Goldschmiedearbeiten, Elfenbein- und Skulpturensammlungen sowie eine große Musikaliensammlung. Am Fuß des Burgfelsens befindet sich die Stadt Harburg. Durch das Tal führt die Romantische Straße von Nördlingen kommend nach Donauwörth.

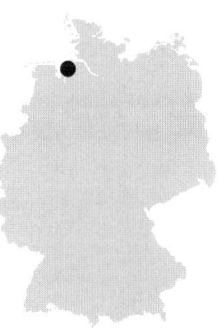

18. Januar | Das Sandwatt bei Cuxhaven | Niedersachsen

Vom Steilsand bei Cuxhaven fließt das Wasser bei Ebbe in die Elbe, deren Mündungstrichter sich wenig weiter vollständig in die Nordsee öffnet. Dieses Sandwatt ist ein Teil des Duhner Watts, das vor der Küste des Cuxhavener Ortsteils Duhnen liegt. Dort wird seit 1902 alljährlich im Sommer auf dem bei Ebbe trockengefallenen Wattboden das Duhner Wattrennen ausgetragen. Es wird scherzhaft als weltweit einzigartiges »Pferderennen auf dem Meeresgrund« bezeichnet. Das Duhner Watt gehört als östlichster Teil zum Nationalpark Niedersächsisches Wattenmeer.

19. Januar | Das Seengebiet bei Miesbach | Bayern

Das Tegernsee-Schliersee-Gebiet bei Miesbach war einst Sitz der reichsunmittelbaren Herrschaft Hohenwaldeck. Nach dem Tod des letzten Maxlrainers fielen Miesbach und die umliegenden Orte 1734 an das Kurfürstentum und 1803 an das Königreich Bayern. Geschichtlich gesehen sind die Miesbacher somit – wie die Bewohner des Werdenfelser Landes – »späte Bayern«.

20. Januar | Das Nebelhorn bei Oberstdorf | Bayern

Mit einer Kabinenbahn können Skifahrer von Oberstdorf aus auf das Nebelhorn schweben. Erste Pläne für den Bau der Nebelhornbahn gab es bereits 1914; genehmigt wurde er 1928. Die Fahrstrecke der mit fünf Kilometern längsten Bergbahn des Allgäus musste in zwei Abschnitte unterteilt werden, weshalb es neben der Berg- und Tal- auch eine Mittelstation gibt. Am 1. April 1930 fuhren die ersten Gäste auf das Nebelhorn. Bis zu ihrem siebzigjährigen Jubiläum im Jahr 2002 hatte die Bahn rund 15 Millionen Menschen transportiert. Auf dem Nebelhorn erschließen Schlepp- und Sessellifte den 2224 Meter hohen Berg; mit 7,5 Kilometern führt die längste Skipiste Deutschlands vom Gipfel ins Tal – insgesamt 1400 Meter Höhenunterschied sind zu bewältigen.

21. Januar | Bei Dithmarschen | Schleswig-Holstein

Die geringe Wassertiefe in der Meldorfer Bucht erfordert von den Schiffsführern präzises Navigieren. Das Hochwasser gaukelt eine frei befahrbare Fläche vor, während bei Niedrigwasser die tückischen Sand- und Schlickbänke sichtbar werden. Von der breiten Wasserrinne der »Piep« führt ein wesentlich schmälerer Arm, das »Kronenloch«, zum Neuen Meldorfer Hafen. Diesen musste man anlegen, weil sich die Küste durch den steten Zugewinn von Land durch Schlickablagerungen sieben Kilometer von Meldorf weg verlagert hatte.

22. Januar | Die Fraueninsel im Chiemsee | Bayern

Um 772 stiftete Herzog Tassilo die Benediktinerinnenabtei auf der Fraueninsel im Chiemsee, die auch »Frauenchiemsee« oder »Frauenwörth« genannt wird. König Ludwig der Deutsche baute das Kloster zur königlichen Pfalz aus; seine Tochter Irmengard war um 860 die erste Äbtissin. Ihre Nächstenliebe machte sie der Sage nach schon zu Lebzeiten zu einer verehrten Persönlichkeit. Am 16. Juli 866 starb sie im Alter von etwa 33 Jahren. Sie gilt seither als Schutzpatronin der Insel und des Chiemgaus. 1928 wurde sie von Papst Pius XI. selig gesprochen. Heute gehören zum Kloster ein Verlag, eine Buchhandlung, eine Likördestille, eine Gastwirtschaft, eine Berufsfachschule für Hauswirtschaft und Kinderpflege sowie ein Gymnasium.

23. Januar | Der Steigerwald | Bayern

Der Steigerwald ist ein Mittelgebirge mit Höhen von bis zu 500 Metern. Da die Erhebungen dieses Keuperberglandes die Regen bringenden Westwinde zum Steigen zwingen, sind Niederschläge häufig, was dem Waldwachstum dienlich ist. Im westlichen Teil des Naturparks Steigerwald finden sich vor allem Buchen, im östlichen mehr Fichten und im südlichen viele Eichen. Hier wachsen im Schutz eines Eichen-Buchen-Mischwaldes Fichten heran.

24. Januar | Die Theatinerkirche in München | Bayern

Anlass für den Bau der Theatinerkirche in München war die Geburt des Erbprinzen Max Emanuel im Jahre 1662. Seine Eltern, Kurfürst Ferdinand Maria und Henriette Adelaide von Savoyen, hatten gelobt, bei Erfüllung ihres Kinderwunsches eine Kirche samt Kloster zu errichten. Die Basilika im Stil des italienischen Hochbarocks mit Kreuzgrundriss und einem 71 Meter hohen Kuppelbau stammt von den italienischen Baumeistern Agostino Barelli und Enrico Zuccalli. Die Fassade mit den beiden Türmen gestaltete François de Cuvilliés hundert Jahre später im Stil des späten Rokokos.

25. Januar | Winterberg | Nordrhein-Westfalen

Die Bob- und Rodelbahn an der Winterberger Kappe zählt zu den schnellsten der Welt. Spitzengeschwindigkeiten von bis zu 150 Kilometern pro Stunde sind möglich; die Fliehkräfte im »Veltins-Kreisel« und in der »Omega-Schleife« sind nur von Spitzenathleten zu ertragen. Große Kühlaggregate pumpen – wie bei einem Kühlschrank – ständig kaltes Ammoniak durch die 62 Kilometer langen Rohrleitungen im Unterbau der Bahn. Ihre Leistung genügte, die Bahn sogar im Sommer zu vereisen. Die Natureisbahn von 1910 war damals die erste nördlich der Mainlinie; 1977 wurde sie durch die heutige Kunsteisbahn ersetzt.

26. Januar | Der Walchensee | Bayern

Für die Herkunft des Namens »Walchensee« gibt es verschiedene Erklärungen: Er könnte auf die lateinische Bezeichnung *lacus vallensis* – im Tal gelegener See – zurückgehen oder aber auf die Walchen oder Welschen, die althochdeutsch *walahi* genannt wurden. Diese keltischen und römischen Siedler aus dem Voralpenland zogen sich während der Völkerwanderungszeit in die unwegsamen Bergtäler zurück. Die nachrückenden Bajuwaren vermischten sich mit ihnen und bevölkerten das Umfeld des Walaho-Sees, des heutigen Walchensees.

27. Januar | Der Niedersonthofner See | Bayern

Im Allgäuer Voralpenland zwischen Immenstadt und Kempten liegt links der Iller der Niedersonthofner See. Er dient im Sommer zum Baden und Segeln und sogar als Regattastrecke. Wie alle Voralpenseen ist auch der Niedersonthofner See im Laufe der Zeit stark verlandet. Dies zeigt sich am Schicksal der Sommerresidenz, die Fürstabt Roman Giel von Gielsberg um 1650 auf einer Insel erbauen ließ: Die Stelle liegt heute mehrere hundert Meter vom Ufer entfernt auf dem Festland. Nur der Name der »Inselgaststätte«, die dort anstelle der Residenz steht, erinnert noch an frühere Zeiten.

28. Januar | Das Donauried | Bayern

Das völlig ebene Donauried erstreckt sich längs der Donau von Ulm bis Neuburg. Auf rund fünf Kilometer Breite haben sich hier in den letzten Jahrtausenden in Durchströmungsmooren Torfschichten von mehreren Metern Dicke aufgebaut. Von Moosen über seggenreiche Weiden-Birken-Moorgehölze veränderte sich die Vegetation zu Kreuzdorn-Birken-Wäldern und Erlen-Eschen-Wäldern. Mit der Ansiedlung der Alemannen begann die Kultivierung des Moorbodens als Ackerland.

29. Januar | Das Isartal zwischen Wallgau und Vorderriß | Bayern

Man sieht dem stimmungsvollen Bild nicht sofort an, unter welchen Schwierigkeiten es entstanden ist: Es wurde aus einem Flugzeug bei einer Geschwindigkeit von sage und schreibe 200 Stundenkilometern aufgenommen. Mehrere Flugmanöver waren nötig, um die Maschine im engen Isartal zwischen Wallgau und Vorderriß in die ideale Position zum Fotografieren der einsamen Winterlinden zu bringen. Die Winterlinde *(tilia cordata)* treibt später aus als andere Bäume und bringt erst Mitte Mai neue, kleinwüchsige Blätter hervor.

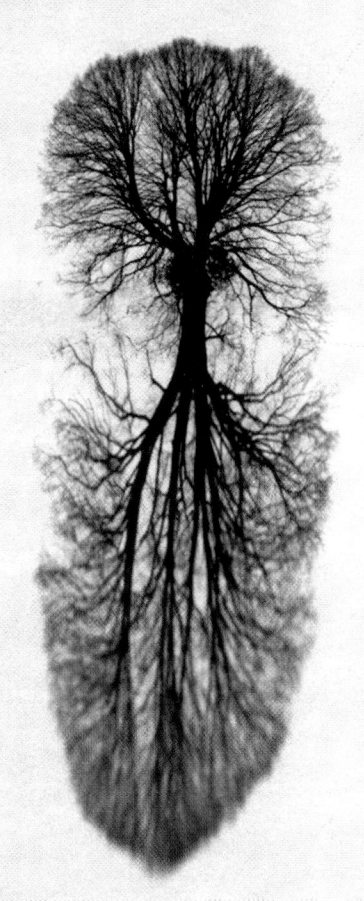
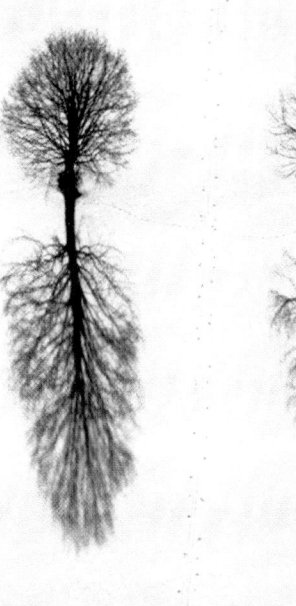
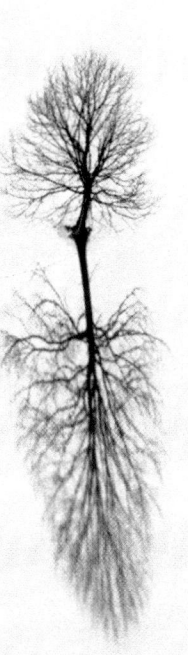

30. Januar | Die Rhön | Hessen

Bis zum Jahr 1802 bildeten wesentliche Teile der Rhön eine politische und wirtschaftliche Einheit; sie gehörten zum geistlichen Fürstentum Fulda (heute Hessen). Damals arbeiteten die Menschen vor allem in der Holz- und Landwirtschaft und im Handwerk: Flachsanbau, Korbflechten, Bürstenbinden und Klöppeln waren traditionelle Gewerbe der relativ armen Rhöner. Nach der Säkularisation wechselten große Gebiete mehrfach ihre Besitzer. Bis heute ist die Rhön mehr als Natur- denn als Wirtschaftsraum bedeutsam. Der Fremdenverkehr spielt in der Region eine große Rolle.

31. Januar | Die Inseln im Chiemsee | Bayern

Die Flüsse Prien und Tiroler Ache, die den Chiemsee speisen, bringen mit dem Wasser auch Erosionsmaterial mit, das den See allmählich zuschüttet. Von Süden her ist er bereits weitflächig verlandet. Die drei Inseln – von vorne nach hinten: Frauenchiemsee, Krautinsel und Herrenchiemsee – entstanden auf andere Weise: Ihr geologischer Untergrund ist so hart, dass er in der letzten Eiszeit durch den Chiemseegletscher weniger stark abgeschliffen wurde als die Umgebung. In Seebruck (vorne) fließt das Seewasser im Fluss Alz nach Norden zum Inn ab. Der höchste Berg der ersten quer liegenden Kette ist die Kampenwand mit 1669 Metern. Die hohe Bergkette dahinter ist der Wilde Kaiser mit der Ellmauer Haltspitze (2344 Meter).

1. Februar | Vom Fichtelgebirge zu den Alpen | Bayern

Vom Ochsenkopf im Fichtelgebirge bis zu den Bayerischen Alpen reicht der Blick – er erfasst fünf Gebirgszüge, die Deutschland im Südosten begrenzen: Fichtelgebirge, Oberpfälzer Wald, Böhmerwald, Bayerischer Wald und Chiemgauer Alpen. Sie bilden die natürlichen Grenzen zu Tschechien und Österreich. Das Gestein der Bayerischen Alpen entstand vor gut 200 Millionen Jahren und wurde vor etwa fünfzig Millionen Jahren aufgefaltet. Die vier Rumpfschollengebirge längs der tschechischen Grenze sind über doppelt so alt. Ihr geologischer Untergrund besteht aus Urgesteinen wie Granit und Gneis.

Tag | 32

2. Februar | Das Isartal | Bayern

Die Alpen bilden die Grenze zwischen Mittel- und Südeuropa. Sie sind das höchste Gebirge Europas und eine wichtige Klima- und Wetterscheide. Dauersiedlungen findet man bis 2000 Meter Höhe, saisonal bewohnte Orte bis 2400 Meter. Die Alpen waren das Zentrum des prähistorischen Bergbaus. Ihre reichen Lagerstätten von Kupfer, Eisen, Blei und Salz lenkten wirtschaftliches und politisches Interesse auf sie. Auch die bedeutenden Salzstraßen zogen sich über die Alpen. Bereits die Römer erkannten die Wichtigkeit der Pässe und schützten sie mit Kastellen. Weil das Tal der Isar zwischen Wallgau und Vorderriß quer zu diesen Routen verläuft, blieb es von den großen Verkehrsströmen verschont.

3. Februar | Der Farnsberg in der Rhön | Bayern

Der Südhang des Farnsbergs in der bayerischen Rhön liegt in der Sonne. Auf dem höchsten Punkt, bei 786 Metern über dem Meeresspiegel, steht das Würzburger Karl-Straub-Haus. Der Rhönklub Würzburg erbaute es 1938 als Einkehr- und Übernachtungsmöglichkeit für Wanderer. Im Hochnebel verborgen liegt nur acht Kilometer entfernt das nächste Haus des Rhönklubs, die Kissinger Hütte.

4. Februar | Die Hohenloher Ebene | Baden-Württemberg

Die weiten Flächen der Hohenloher Ebene sind aufgrund der fruchtbaren Böden stark agrarisch genutzt. Wald und windbrechende Hecken gibt es wenige. Die Leelage der Ebene hinter Spessart, Odenwald und Schwarzwald wirkt sich bei Großbärenweiler zwischen Blaufelden und Rothenburg aus. Trotz der Höhenlage um die 450 Meter bleibt die jährliche Niederschlagsmenge mit 700 Millimetern eher gering. Die Durchschnittstemperatur im Februar liegt bei minus ein Grad, die Zahl der Frosttage bei 21, die Zahl der Schneetage bei 22. Die Region profitiert von einem bewölkungsarmen Klima, was viele Sonnentage pro Jahr bedeutet.

5. Februar | Das verschneite Heidelberger Schloss | Baden-Württemberg

Sechs Jahrhunderte Geschichte stecken in den Mauern des Heidelberger Schlosses. Es wurde von den Grafen der Kurpfalz auf den letzten, westlichsten Bergen des Odenwaldes erbaut. Obwohl das Schloss im pfälzischen Erbfolgekrieg 1689 und 1693 gesprengt wurde und heute in vielen Teilen nur als Ruine besteht, zieht es Touristen aus aller Welt an. Den Friedrichsbau mit dem Doppelgiebel aus der Frührenaissance ließ Friedrich IV. um 1600 errichten. Im Ottheinrichsbau ist das Deutsche Apothekenmuseum untergebracht. Rechts unten liegt der Schlossgarten, der Hortus Palatinus. Auch wenn die Aufnahme anderes vermuten lässt: Heidelberg zählt durchschnittlich 206 frostfreie Tage pro Jahr.

6. Februar | Markgräfliches Schloss in Karlsruhe | Baden-Württemberg

Herzstück der Stadt Karlsruhe ist das Schloss, auf das die Straßen fächerförmig ausgerichtet sind. 1715 ließ der Markgraf von Baden-Durlach, der Stadtgründer Karl III. Wilhelm, den Prachtbau inmitten seines bevorzugten Jagdgebiets »Hardtwald« errichten. Sein heutiges Gesicht erhielt er von 1752 bis 1775 unter dem Markgrafen Karl Friedrich. Im Schloss ist das badische Landesmuseum untergebracht, links daneben in dem modernen Bau mit Atrium das Bundesverfassungsgericht.

7. Februar | Regensburg | Bayern

Um das Jahr 1250 begannen die Regensburger mit dem Bau ihres Doms. Nahezu 300 Jahre vergingen, bis dieses Gemeinschaftswerk der Bürger – fast – fertig gestellt war; die beiden 105 Meter hohen Türme ließ erst König Ludwig I. von Bayern 1859 bis 1869 hinzufügen. Bis heute prägen Kirchen, Patrizierhäuser und Geschlechtertürme aus dem 13. und 14. Jh., wie man sie sonst hauptsächlich in der Toskana findet, das Bild der seit 1245 Freien Reichsstadt. Die Geschlechtertürme dienten den konkurrierenden Adelsfamilien als Schutz- und Repräsentationsbauten. Sie hatten bis zu zwölf Stockwerke. Das Handelsimperium der im 13. und 14. Jh. einwohnerstärksten Stadt Süddeutschlands reichte von Venedig über Paris bis Kiew.

8. Februar | Wiggensbach | Bayern

Die katholische Pfarrkirche St. Pankratius in Wiggensbach bei Kempten zeigt sich von außen nicht besonders auffällig. Innen lebt sie vom Schmuck der Fresken und der Stuckmarmor-Altäre, die Johann Georg Wirth im Stil des Rokokos gestaltete. Die Ursprünge der Kirche liegen im Mittelalter. Nach einem Brand wurde im Jahr 1770 der Baumeister Johann Georg Specht mit dem Neu- und Erweiterungsbau beauftragt.

9. Februar | Die Befreiungshalle bei Kelheim | Bayern

Zur Erinnerung an die siegreichen Schlachten gegen Napoleon in den Befreiungskriegen der Jahre 1813 bis 1815 ließ Ludwig I., König von Bayern, ein Nationaldenkmal errichten. Auf dem Michelsberg bei Kelheim, zwischen den Flusstälern der Donau und der Altmühl, entstand von 1842 bis 1863 die Befreiungshalle. Mit dem Entwurf wurde Friedrich von Gärtner beauftragt; nach dessen Tod vollendete Leo von Klenze den Bau nach eigenen Plänen. Vorbild für die äußere Gestaltung war das Grabmal des Theoderich in Ravenna. Die 34 geflügelten Viktorien-Figuren im Inneren sind aus weißem Carrara-Marmor. Sie halten 17 vergoldete Schilde, die aus der Bronze eingeschmolzener Geschütze gefertigt wurden.

10. Februar | Die Rauhe Ebrach im Steigerwald | Bayern

Der Steigerwald ist Teil der Süddeutschen Schichtstufenlandschaft. Die Keuperstufe erhebt sich im Westen mit einer über 200 Meter hohen Steilwand aus dem Maingebiet und flacht nach Osten hin sanft ab. Das hat zur Folge, dass selbst die Flüsse, die im westlichen Teil des Steigerwaldes entspringen, nach Osten fließen. Die Rauhe Ebrach beginnt nur zwei Kilometer von der Schichtstufe entfernt und strömt einen windungsreichen Weg bis nach Pettstadt bei Bamberg, wo sie in die Regnitz mündet. Das Wasser vereinigt sich schließlich mit dem Main und wendet sich bei Schweinfurt nach Süden. So strömt das Quellwasser der Rauhen Ebrach nach mehr als 150 Kilometern in nur zwanzig Kilometer Entfernung an seinem Ursprung vorbei.

11. Februar | Der Main bei Randersacker | Bayern

Als der Main zwischen 1921 und 1962 von Aschaffenburg bis Bamberg mit 28 Staustufen schiffbar gemacht wurde, ging die natürliche Flussaue verloren. Um die Altwasserarme zu ersetzen, formte man neue, eckig angelegte Wasserbecken, die nur eine schmale Verbindung zum Fluss haben. In diesen strömungsfreien Zonen laichen Fische und andere Wassertiere. Im Winter bildet sich in den ruhigen Bereichen eine Eisschicht, lange bevor der Main selbst zufriert.

12. Februar | Im Oberallgäu | Baden-Württemberg

Ein Kennzeichen des Allgäus sind die vielen Kapellen, die größtenteils einsam in der Flur stehen. Im früheren Albgau lebte der alemannische Stamm der Sueven, der Schwaben. Nach deren Eingliederung ins fränkische Reich begann die Christianisierung und von St. Gallen aus die Missionierung. Bald gewannen neben dem Adel die Klöster an Bedeutung, ebenso die dem Reich verpflichteten Bischöfe. Die Zeit relativer politischer Entspannung im 18. Jh. nutzten vor allem die Klöster und Stifte. Die Bautätigkeit war immens: kaum eine Pfarrkirche, die in jener Zeit nicht barockisiert wurde, kaum ein Ort, der nicht in seiner Nähe eine Wallfahrtskapelle aus dieser Epoche zu nennen hätte.

13. Februar | Das Sandwatt Gelbsand in der Deutschen Bucht | Schleswig-Holstein

Das Sandwatt Gelbsand liegt am Rande der Elbmündung in der Deutschen Bucht. Das Wattenmeer der Nordsee ist eine Landschaft, die erdgeschichtlich sehr jung ist und sich stets weiterentwickelt: Als die Weichseleiszeit vor rund 18 000 Jahren ihren Höhepunkt überschritten hatte, setzte mit der Erwärmung des Klimas ein Anstieg der Meeresspiegel ein, der mit Unterbrechungen bis heute andauert. Dieser Entwicklung verdankt das Watt seine Entstehung: Immer wieder bricht das Meer – besonders bei Sturmfluten – in das Land ein und bildet Flachwasserzonen, die bei Ebbe trockenfallen. Das Wattenmeer zeichnet sich durch eine große Artenvielfalt aus, wobei es besonders von Muscheln, Wattwürmern, Schnecken und Krebsen dicht besiedelt ist.

Tag | 44

14. Februar | Äcker bei Wertingen | Bayern

Die Ackerflächen in der Nähe von Wertingen liegen völlig eben auf der schwäbisch-bayerischen Zusam-Platte. Im Untergrund findet sich Schotter aus dem Voralpengebiet, der durch Flüsse herangetragen wurde. Den fruchtbaren Lössboden bliesen Winde in den Jahrhunderten der ausklingenden letzten Eiszeit heran.

15. Februar | Braunkohleabbau bei Frechen | Nordrhein-Westfalen

Deutschland ist der mit Abstand größte Braunkohleproduzent weltweit. In sechs Revieren wird der wertvolle Rohstoff gewonnen, der im Wesentlichen als Brennmaterial zur Energieerzeugung dient. Wegen der geringen Tiefe des jeweiligen Hauptflözes arbeitet man im Tagebau. Das Gestein über dem Flöz muss dazu abgetragen werden; es entsteht der so genannte Abraum. Im rheinischen Revier muss man für eine Tonne Braunkohle über fünf Kubikmeter Abraum bewegen, im Lausitzer Revier sind es fünf und im mitteldeutschen Revier in Sachsen-Anhalt 2,2 Kubikmeter. Dies bedeutet dramatische Eingriffe in Kulturlandschaft und Natur. Deshalb schreibt das Bundesberggesetz die Rekultivierung der Landschaft nach dem Abbau vor.

16. Februar | Die Trudbertkapelle bei Waltrams | Bayern

Die größte der sechs Kapellen im Weitnauer Tal steht bei Waltrams am Fuße des Hauchenbergs. Sie ist dem heiligen Rochus geweiht, wird aber auch Trudbertkapelle genannt. Johann Dietrich von Hundbiß soll sie Ende des 17. Jhs. gestiftet haben. Ihr jetziges Gesicht erhielt sie um 1770. Bis zum heutigen Tag kümmern sich die Bewohner von Waltrams um die Erhaltung der Kapelle.

Tag | 47

17. Februar | Der Dom zu Köln | Nordrhein-Westfalen

Über sechs Jahrhunderte hat es gedauert, ehe die größte Kathedrale Deutschlands fertig war – und für alle Zeiten werden die Steinmetze der Dombauhütte mit einer fortwährenden Rundumerneuerung des gotischen Riesenbaus beschäftigt sein. Der Platz, an dem Erzbischof Konrad von Hochstaden 1248 den Grundstein des Doms St. Peter und Marien legte, hatte schon seit spätrömischer Zeit als Versammlungsort von Christen gedient. Mehrere, immer größer werdende Kirchenbauten wechselten sich dort ab. Seit 313 ist Köln Bischofssitz. Wegen der insgesamt zwölf romanischen Kirchen und wegen des Doms mit den Reliquien der Heiligen Drei Könige verlieh man der Stadt den Beinamen »Rom des Nordens« und »hilliges Köln« – heiliges Köln.

18. Februar | Der Steigerwald | Bayern

Der physikalischen Erklärung für das Blau des Himmels und das Rot des Sonnenuntergangs liegen zwei verschiedene Phänomene zugrunde. Hoch oben in der Atmosphäre streuen Staubpartikel die kurzwelligen blauen Lichtstrahlen, so dass von dort nur der Blauanteil der verschiedenen Wellenlängen des weißen Sonnenlichts zur Erde reflektiert wird. Die Rotfärbung der Morgen- und Abendsonne rührt von der unterschiedlichen Beugung der Lichtstrahlen her. Beim flachwinkligen Hineinscheinen in die Atmosphäre wirkt diese wie ein Prisma und beugt die langwelligen, roten Lichtanteile stärker, so dass das Rot überwiegt. Besonders schöne Sonnenuntergänge sind zu sehen, wenn zusätzlich Staub- oder Aerosolpartikel in der Atmosphäre vorhanden sind.

19. Februar | Wallfahrtskirche St. Wolfgang bei Landshut | Bayern

Auf einer Anhöhe über dem Isartal bei Essenbach, Landkreis Landshut, steht die Wallfahrtskirche St. Wolfgang. Während einer Reise ins Salzkammergut soll der Regensburger Bischof Wolfgang hier eine Rast eingelegt haben. An der Stelle, wo sein Körper der Legende nach einen Abdruck in einem Stein hinterließ, errichtete man zur Verehrung des 994 gestorbenen und schon bald heilig gesprochenen Bischofs ein erstes Bauwerk. Ab dem 14. Jh. ist eine Kapelle belegt. Im 15. Jh. kam zum Chorraum (vorne) ein Langhaus hinzu; dann entstand der Turm, der 1689 mit einer barocken Zwiebelhaube vollendet wurde. Aus dieser Zeit stammt auch das Bauernhaus mit dem regionaltypischen Krüppelwalmdach. Heute besuchen Pilger die Kirche St. Wolfgang.

20. Februar | Die Rhön | Hessen/Thüringen/Bayern

Gleich drei Bundesländer haben heute Anteil an der Rhön: Hessen, Thüringen und Bayern. 1991 erkannte die Unesco das Mittelgebirge als eines von mittlerweile weltweit rund 440 Biosphärenreservaten an. Die ausgewiesene Fläche von fast 185 000 Hektar wird anteilig von den jeweiligen zuständigen Landesministerien verwaltet. Die Rhön gilt als »Land der offenen Fernen«: Ihre in weiten Bereichen waldfreien Kuppen eignen sich hervorragend zum Skiwandern und Segelfliegen. Sie entstanden durch frühere Rodungen und behalten heute durch weidende Rinder- und Schafherden ihr charakteristisches Erscheinungsbild. Eigentlich ist die Rhön ein klassisches Laubwaldgebirge, wenn auch forstwirtschaftlich gelegentlich »fremdgegangen« wird.

21. Februar | Im Chiemgau | Bayern

Die Anfänge des Skifahrens reichen bis in die Jungsteinzeit zurück. In Skandinavien und im Norden Russlands wurden damals so genannte Gleithölzer zur Fortbewegung genutzt. Der Skisport wurde jedoch erst im 19. Jh. entdeckt, als in Norwegen die ersten Rennen stattfanden. Um die Wende zum 20. Jh. wurden auch in Deutschland zahlreiche Skiclubs gegründet. Mit dem Bau der ersten Skilifte etwa 1930 entwickelte sich das Skifahren schrittweise vom elitären Urlaubsvergnügen zum Massentourismus mit teilweise bedenklichen Auswüchsen. Einzelne Skifans fliehen heute den Rummel und wählen eine ganz individuelle Art des Naturerlebens und Fahrvergnügens.

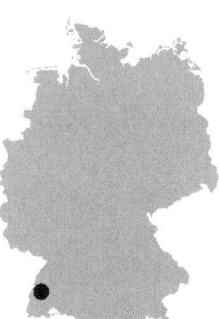

22. Februar | Der Feldberg | Baden-Württemberg

Mit 1493 Metern ist der Feldberg nicht nur der höchste Berg des Schwarzwalds, sondern aller deutschen Mittelgebirge. Sein Gipfelmassiv erstreckt sich über mehrere Kilometer. In seiner Verlängerung liegen der Schluchsee und weiter entfernt hinter dem Hatzenwald die Schweizer Alpen. Weite Bereiche des Naturparks Südschwarzwald mussten geschützt werden. Der Besucherstrom war derart groß, dass die empfindliche Tier- und Pflanzenwelt erheblich gestört wurde. Insbesondere Erosionsschäden durch Trittbelastung auf den Borstgrasweiden störten das natürliche Gleichgewicht. Viele Regionen sind deshalb für die Allgemeinheit gesperrt, und tatsächlich erobert sich die Natur den Wald langsam zurück.

23. Februar | Schweindorf | Baden-Württemberg

Auf dem Härtsfeld in der Schwäbischen Alb, zwischen Heidenheim und Nördlingen, liegt der 300 Einwohner zählende Ort Schweindorf. Die Lage im Juragebirge auf 600 Meter Höhe bedingt harte Winter. Da der Schnee lange liegen bleibt, lohnt sich das Spuren von Loipen, was viele Ausflügler zum Skilanglauf anzieht. Im Sommer feiert man das Härtsfelder Waldfest. Der Waldrand vorne ist zugleich die Landesgrenze zwischen Baden-Württemberg und Bayern.

24. Februar | Die Wolkendecke über Gundremmingen | Bayern

Der Dampf der Kühltürme des Kernkraftwerks Gundremmingen bei Günzburg durchdringt die ansonsten geschlossene Wolkendecke. Das Grundlastkraftwerk ist seit 1984 rund um die Uhr in Betrieb. Jährlich werden hier rund zwanzig Milliarden Kilowattstunden Strom erzeugt, womit etwa dreißig Prozent des bayerischen Stromverbrauchs abgedeckt werden. Der praktische Nebeneffekt der Dampfwolken: Sie dienen Piloten als Orientierungshilfe.

25. Februar | Der Main bei Wertheim | Baden-Württemberg

Etwas flussabwärts von Marktheidenfeld pendelt der Main zwischen Odenwald und Spessart, zwischen Schenkenwald und Hasselberger Wald hin und her. Die bayerisch-baden-württembergische Grenze verläuft in Flussmitte. Fünfzig Kilometer weiter, bei Miltenberg, wird der Main wieder nach Norden abbiegen und das Mainviereck formen. Die Abenddämmerung verbirgt eine Vielzahl von Orten längs des Flusslaufs. Ganz schwach, als dünner Strich über dem Wasser, ist die Autobahnbrücke der A3 zu sehen.

26. Februar | Der Inn bei Bad Füssing | Bayern

Neun Zehntel seines Weges hat der 517 Kilometer lange Inn bei Bad Füssing bereits hinter sich, bevor er in Passau in die dort noch kleine Donau mündet und ihre Wassermenge um mehr als die Hälfte vergrößert. Seine Quelle liegt auf 2484 Meter Höhe in den Rätischen Alpen in der Schweiz. Er durchfließt das Engadin und Tirol entlang der Trennlinie von Zentralalpen und Nördlichen Kalkalpen und kommt bei Kufstein nach Bayern. Dort bildet er die westliche Grenze des Chiemgaus; oberhalb von Simbach nimmt er die Salzach auf. Selbst bei Bad Füssing führt der Inn noch schluffiges Steinmaterial mit, das ihn hellgrün färbt. Rechts des Inselstreifens im ruhigen Altwasser setzt sich nach Hochwassern solches Sediment ab und bildet Schwemmlandflächen.

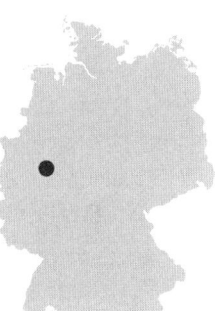

27. Februar | Die Versetalsperre | Nordrhein-Westfalen

Von Attendorn nach Lüdenscheid führt eine landschaftlich reizvolle Nebenstrecke durch das Sauerland, die am Westufer der Versetalsperre mittels einer Steinbrücke eine Bucht überquert. Mit den Vorarbeiten zum Bau der Talsperre begann man 1938, fertig gestellt wurde sie jedoch erst 1951 – aufgrund des Zweiten Weltkriegs mussten die Arbeiten unterbrochen werden. Zur Wasserversorgung des Ruhrgebiets wurden in der ersten Hälfte des 20. Jhs. einige Talsperren im Sauerland und im Bergischen Land errichtet, die im Winter vor Hochwasser schützen, im Sommer der Wasserknappheit vorbeugen. Sie liegen größtenteils im Naturpark Ebbegebirge, dem seit seiner Gründung 1964 eine überregionale Naherholungsfunktion zukommt.

28. Februar | Regenwolken über dem Steigerwald | Bayern

Der Londoner Apotheker und Hobby-Meteorologe Luke Howard machte 1802 mit einem Vortrag Furore, der die bis dahin romantische Betrachtung der Wolken verwissenschaftlichte. Bei seinen Himmelsbeobachtungen hatte er vier Grundtypen von Wolken entdeckt, die er mit den lateinischen Namen Cirrus (Federwolke), Cumulus (Haufenwolke), Stratus (Schichtwolke) und Nimbus (Regenwolke) benannte. Er revolutionierte damit nicht nur die Meteorologie, sondern auch die Landschaftsmalerei. Hier zieht eine Haufenwolke über den Steigerwald bei Castell. Weiter südlich scheint die Sonne. Haufenwolken bauen sich bis zu einer Höhe von 5000 Metern auf. Als Cumulonimbus sind sie mit Feuchtigkeit so gesättigt, dass Regen aus ihnen herausstürzt.

29. Februar | Der Bahnhof in Uelzen | Niedersachsen

1999 erhielt der Bahnhof von Uelzen seine Bedeutung als Knotenpunkt zurück: Die »Amerikalinie« der Auswanderer des 18. Jhs. von Leipzig über Brandenburg und Uelzen nach Bremen wurde wiederbelebt. Im Rahmen eines Projekts zur EXPO 2000 in Hannover wurde das Gebäude nach den Prinzipien der Ökologie und Kultur umgestaltet. Der Künstler Friedensreich Hundertwasser gab dem vernachlässigten wilhelminischen Bau mit einer Glaskuppel, Keramiksäulen und Türmen ein neues Gesicht. Der Bahnhof sollte zudem Teil eines umweltverträglichen Verkehrssystems werden: Es entstanden ein Busbahnhof, Fahrradstellplätze, Taxistände und eine Park-and-Ride-Anlage. Auf dem Dach installierte man die größte Fotovoltaikanlage Niedersachsens.

1. März | Die Wörnitz | Bayern

Beim Flug über das Ries fällt die südwärts fließende Wörnitz ins Auge. In der Nähe von Fessenheim beschreibt sie wilde Schlingen, teilt sich sogar, vereinigt sich wieder und nimmt kurz vor dem Rand des Rieskraters die Eger auf. Weiter südlich unter dem Dunst trennt sie die Alb in einen fränkischen und einen schwäbischen Teil. In Donauwörth mündet sie in die Donau. Die Wörnitz, im Volksmund auch »Wenz« genannt, entspringt bei Schillingsfürst im Naturpark Frankenhöhe und kann gewaltige Wassermassen führen. Sie überschwemmt dann weite Wiesenflächen und setzt den Ort Harburg, der im Durchbruch durch den Rieskrater liegt, meterhoch unter Wasser.

2. März | Der Chiemsee | Bayern

Der Chiemsee entstand wie alle Voralpenseen während der letzten Eiszeit, die vor etwa 90 000 Jahren begann. Gletscher aus den Alpen schoben sich ins Voralpenland und schürften den Untergrund aus, so dass sich ein Becken formte. Als vor ungefähr 10 000 Jahren eine neue Warmzeit anfing, sammelte sich das Schmelzwasser dort an und bildete den Chiemsee. Der Wasserspiegel liegt heute auf 518 Metern über dem Meeresspiegel; der Chiemsee ist bis zu 74 Meter tief. Im Sommer erreicht seine Wassertemperatur deutlich über zwanzig Grad.

3. März | Die Wismarbucht bei Wismar | Mecklenburg-Vorpommern

Die Bewegungen des Meerwassers beruhen auf Strömungen, Gezeiten und Wellen. Wasserwellen werden durch Wind ausgelöst; ihre Ausprägung hängt von der Windstärke sowie von der Küstenform und der Wassertiefe ab. Als Dünung bezeichnet man kleine, kurze Wellen, die unter Windstille auslaufen – wie hier in der Wismarbucht vor Wismar. Auch die Farbe des Wassers wird durch mehrere Faktoren bestimmt: den Untergrund, die Wassertemperatur, die Richtung des Lichteinfalls und schwebende Teilchen. Die schmutzbefrachteten Zuflüsse der Ostsee fördern sauerstoffzehrende Mikroorganismen, wodurch im Wasser vor allem in den Sommermonaten oft Sauerstoffmangel herrscht.

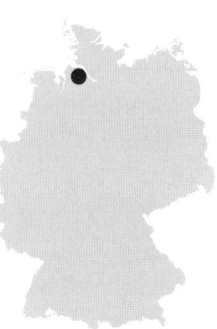

4. März | Stade | Niedersachsen

Der Stader Ortsteil Bützfleth ist mit minus zwei Metern nicht nur einer der tiefstgelegenen Orte Deutschlands, sondern auch seit dreißig Jahren Standort einer Industrieanlage, die Aluminiumhydroxid herstellt. Beim Verarbeitungsprozess der Erden aus Südamerika, Afrika und Australien muss der Bauxit – der wichtigste Rohstoff für die Aluminiumherstellung – mit Hilfe von Natronlauge von den unerwünschten Stoffen befreit werden. Nach mehreren Produktionsschritten mit hohen Temperaturen und Drücken bleibt als Abfallstoff Wasser übrig, das unter anderem Eisen enthält. Die Flüssigkeit gelangt per Rohrleitung in ein Absetzbecken, dessen Untergrund aus einer wasserundurchlässigen Gleyschicht besteht. Dort kann der Rotschlamm sedimentieren.

5. März | Der Nationalpark Niedersächsisches Wattenmeer | Niedersachsen

Zwischen den Trichtermündungen der Ems und der Elbe erstreckt sich der 1986 gegründete Nationalpark Niedersächsisches Wattenmeer mit den ostfriesischen Inseln Borkum, Juist, Norderney, Baltrum, Langeoog, Spiekeroog und Wangerooge. Bedingt durch eine ostwärts gerichtete Meeresströmung dehnen sich die Sandbänke immer weiter in diese Richtung aus – ein idealer Lebensraum für die Robben. Im Sommer und Herbst bringen sie dort ihren Nachwuchs zur Welt und paaren sich kurz danach; die Tragzeit beträgt elf Monate. Sollte ein Seehundweibchen zwei Junge zur Welt bringen, verstößt es zumeist eines davon. Um solche Findelkinder (Heuler) kümmert sich die Seehundaufzuchtstation.

6. März | Die Hallig Gröde-Appelland | Schleswig-Holstein

Die Hallig Gröde ist eine von zehn Halligen im Nordfriesischen Wattenmeer. Eine Sturmflut verband sie mit der Hallig Appelland zu einer jetzt 280 Hektar großen Insel. Mit 17 Einwohnern ist die Gemeinde der kleinste Wahlkreis Deutschlands. In der stürmischen Jahreszeit werden die Halligen regelmäßig überschwemmt, nur die Häuser stehen auf sicheren Wohnhügeln, den so genannten Warften. Auf der Knudswarft wohnen vier Familien; auf der Kirchwarft steht ein reetgedecktes Haus, das zugleich Kirche, Schule und Lehrerwohnung ist. Die erste Kirche war 1362 in der großen Sturmflut »Mandränke« untergegangen. Sturmfluten spülten auch weitere fünf Kirchen weg. 1779 wurde die siebte Kirche an einer höheren Stelle errichtet.

7. März | Helgoland | Schleswig-Holstein

Helgoland und die Nachbarinsel Düne bestehen als einzige Inseln in der südlichen Nordsee aus festem Gestein. Bis zu sechzig Meter hoch ragt der geschichtete Buntsandstein aus dem Wasser hervor. Von März bis Juli verwandeln sich die Steilklippen des Naturschutzgebietes Lummenfelsen in ein Vogelparadies. Hochseevögel wie Basstölpel, Eissturmvögel oder Lummen finden hier den einzigen Brutfelsen in Deutschland. Die Trottellumme bietet ein ganz besonderes Naturschauspiel: Noch unfähig zu fliegen, verlassen die Jungvögel zwischen Juni und Juli mit einem Sprung in die Tiefe den Felsen und landen im Wasser.

8. März | Die Insel Fehmarn | Schleswig-Holstein

Von der Südwestspitze der Insel Fehmarn aus wächst der Krummsteert, ein so genannter Nehrungshaken, in die Orther Bucht hinein. Durch küstenparallele Strömungen, die Sand und Geröll mit sich führen, vergrößert sich das Naturschutzgebiet ständig. Hinter den Deichen zwischen dem Flügger Leuchtturm und Orth entstanden große Strandseen, die zum Teil trockengelegt oder als Fischteiche genutzt werden.

9. März | Die Insel Rügen | Mecklenburg-Vorpommern

Die Insel Rügen ist die größte deutsche Insel – und viele sagen, sie sei die schönste. Die Kreidefelsen zwischen Lohme und Sassnitz ragen über hundert Meter aus der Ostsee auf. Sie sind Teil des Nationalparks Jasmund im Nordosten der Insel. Zur Steilküste gehört auch der Königstuhl, über den die Sage behauptet, nur derjenige habe neuer König von Jasmund werden können, der den Mut aufbrachte, den Felsen vom Ufer aus auf direktem Weg zu erklimmen. Er durfte dann auf einem Steinthron Platz nehmen.

10. März | Die Insel Föhr | Schleswig-Holstein

Die nordfriesische Insel Föhr im Nationalpark Schleswig-Holsteinisches Wattenmeer ist vom offenen Meer durch Sylt und Amrum abgeschirmt; die typische Nordseebrandung fehlt hier. Anders als die beiden Nachbarinseln ist Föhr nicht von Strand und Dünen, sondern von Marschwiesen, Äckern und alten Bäumen geprägt. Alle Orte sind auf dem flutsicheren, sandigen Geestrücken im Süden und Westen entstanden. Bei Ebbe kann man durch das Wattenmeer zur Landspitze nach Amrum laufen. Ihre heutige Form erhielten die »Uthlande« – das Außenland –, wie die Kulturflächen vor der Festlandsküste genannt werden, vor allem durch die großen Sturmfluten, wie die zweite Marcellusflut von 1362.

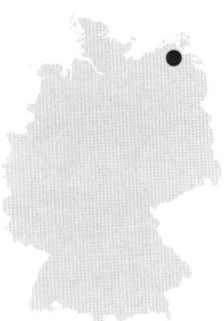

11. März | Die Mündung der Peene | Mecklenburg-Vorpommern

In Vorpommern findet sich eines der letzten, weitgehend intakten Erbstücke der Eiszeit: Entlang des Flusslaufs der Peene erstreckt sich das größte in sich geschlossene Niedermoorgebiet Mitteleuropas. Die Peene war in der Weichseleiszeit eine Schmelzwasserbahn der zurückweichenden Gletscher. Der ungefähr hundert Kilometer lange Fluss weist ein Gefälle von nur etwa zwanzig Zentimetern auf. Nach der Eiszeit bildete sich in der Niederung eine baumarme und braunmoosreiche Seggenriedvegetation, die mächtige Torfablagerungen geschaffen hat. Durch natürliche Landschaftsentwicklung und naturschonende Landnutzung blieb das Peenetalmoor als Lebensraum für zahlreiche Wasservögel, Fische und Biber erhalten.

12. März | Der Fährhafen von Puttgarden | Schleswig-Holstein

Die kürzeste Eisenbahn- und Straßenverbindung von Mitteleuropa nach Skandinavien führt über die Insel Fehmarn. Die Europastraße 47 unterbricht ihren Verlauf im Fährhafen von Puttgarden, wo auch die Ferienstraße Alpen–Ostsee endet. Von dort pendeln die Fährschiffe im Halbstundentakt rund um die Uhr nach Rødbyhavn auf der dänischen Insel Lolland und zurück.

13. März | Kiel | Schleswig-Holstein

Den Aufschwung zur Großstadt erlebte Kiel im 19. Jh., als es ab 1856 Preußischer Kriegshafen und ab 1871 Reichskriegshafen wurde. Der Kriegsschiffsbau führte zu einem rasanten Wirtschafts- und Bevölkerungswachstum: Von 1870 an erhöhte sich die Einwohnerzahl der Stadt in nur vierzig Jahren um das Neunfache auf 210 000. Im Zweiten Weltkrieg war Kiel als wichtiger Militärstandort bevorzugtes Ziel der Alliierten. Die Stadt wurde fast völlig zerstört. Heute ist die Kieler Howaldtswerke-Deutsche Werft AG die größte deutsche Werft. 3400 Angestellte bauen dort Handels- und Marineschiffe. Am gegenüberliegenden Schwedenkai legen die Fährschiffe der Stena-Linie an. Die sich verengende Kieler Förde heißt hier »Die Hörn«.

14. März | Die Hafenanlage von Bremerhaven | Bremen

Zu Beginn des 19. Jhs. war der Hafen von Bremen in seiner Funktion zunehmend beeinträchtigt, denn die Unterweser drohte zu versanden. So kaufte Bremens Bürgermeister Johann Smidt 1827 vom Königreich Hannover an der Mündung von Weser und Geeste in die Nordsee 381 Morgen Land. Hier legte er einen »Bremer Haven« an, um am expandierenden Welthandel teilnehmen zu können. Bremerhaven gehört heute zum Bundesland Bremen und liegt – durch niedersächsisches Gebiet getrennt – 65 Kilometer von Bremen entfernt. Zum wirtschaftlichen Potenzial des Hafens zählen der Containerhafen »Wilhelm Kaisen« und der Fischereihafen sowie der Autoverladehafen, die jeweils die größten von Europa sind.

15. März | Der Grenzübergang bei Frankfurt/Oder | Brandenburg

Vor dem Zollterminal am deutsch-polnischen Grenzübergang Frankfurt/Oder–Swiecko ist Warten angesagt. Über eine Million Lkws passieren jährlich den am stärksten frequentierten Übergang der EU-Außengrenze. Mit dem EU-Beitritt Polens im Mai 2004 wird das Verkehrsaufkommen weiter steigen, doch die Kontrollen nehmen dann ab. Auf einer Parkfläche mit 900 Stellplätzen können die Lastzüge auf ihre Abfertigung warten, andere stehen in einer bis zu zwanzig Kilometer langen Schlange. Die Wartezeit steigert sich gegen Ende der Woche: Bis zu zwei Tage stehen die Lkws dann. Auf der polnischen Seite sind mehr als 2000 Unternehmen der Automobil-, Möbel- und Bauindustrie entstanden, an denen ausländische Investoren beteiligt sind.

16. März | Braunkohletagebau bei Jänschwalde | Brandenburg

Die Schaufelradbagger im Braunkohletagebaugebiet Jänschwalde östlich von Cottbus fressen sich immer weiter durch die Lausitzer Landschaft. Tonnenweise fördern sie Kohle zu Tage, lassen aber dabei ganze Landstriche und teilweise sogar Dörfer verschwinden. Auch die Bewohner des kleinen sorbischen Ortes Horno wurden 2003 nach jahrelangem Widerstand in das neu erbaute Dorf Neu-Horno umgesiedelt; ihre alte Heimat ist jetzt Teil des Abbaugebietes. Die abgebaggerte Braunkohle gelangt per Schiene zum Kraftwerk Jänschwalde, wo täglich aus bis zu 82 000 Tonnen Kohle Elektrizität und Fernwärme erzeugt werden. 1994 übernahmen die Unternehmen Rheinbraun und RWE Energie mehrheitlich die Anteile der Lausitzer Braunkohle AG.

17. März | Bei Wangerooge | Niedersachsen

Fast zwanzig Jahre lang patrouillierte Heinz Kipp mit dem Wasserflugzeug »Lake Buccaneer« längs der Nordseeküste. Er war flugtechnischer Leiter des gemeinnützigen Vereins Küstenwache Deutsche Nordsee, der 1982 auf Wangerooge zum Schutz der Küstenregion vor Verschmutzung gegründet wurde. Seit kurzem hat die Firma WeFa Luftwerbung & Flugcenter die private Flugüberwachung über dem Gebiet, das seit der Wende um Ostsee und Weser erweitert ist, übernommen. Die Deutsche Küstenwache e.V. – wie sie jetzt genannt wird – unterstützt die Behörden bei der Früherkennung von Meeresverschmutzung, meldet Umweltfrevler der Wasserschutzpolizei und dokumentiert per Foto die Vorkommnisse.

18. März | Das Industriegebiet von Ludwigshafen | Rheinland-Pfalz

Der Rhein ist der Grenzfluss zwischen Rheinland-Pfalz und Baden-Württemberg. Gegenüber der Residenzstadt Mannheim wurde dort erst 1853 die Stadt Ludwigshafen gegründet. Sie trägt den Namen des bayerischen Königs Ludwig I. und entstand aus einer Hafensiedlung und den Dörfern Friesenheim und Mundenheim. Die Stadt ist geprägt von der Industrie. Insbesondere chemische Betriebe siedelten sich an, unter anderem 1865 die Badische Anilin- und Sodafabrik (BASF). Rund 40 000 Menschen arbeiten unmittelbar in der Chemieindustrie; eine noch weit größere Zahl von Beschäftigten in der Region hängt von ihr ab.

19. März | Der Dollart im Emsland | Niedersachsen

371 Kilometer weit fließt die Ems von ihrer Quelle in der Senne, einer Heidelandschaft im Münsterland, bis zu ihrer Mündung. Bei Rheine tritt sie in das norddeutsche Tiefland ein und gibt ihm ihren Namen: Emsland. In unzähligen Schlingen windet sie sich jetzt mit kaum merklichem Gefälle bis Papenburg. Auf dem letzten Stück, wo schon die Gezeiten wirken, durchfließt sie die Marsch Ostfrieslands. Kurz vor Emden mündet die Ems in den Dollart, eine Bucht, die sich das Meer in Sturmfluten erobert hat. Ab hier gehört das linke Ufer zu Holland. Eine Vielzahl von Kanälen schließt sich an die Ems an: der Dortmund-Ems-Kanal, der Mittellandkanal, der Nord-Süd-Kanal, der Ems-Jade-Kanal, der Küstenkanal sowie drei holländische Wasserstraßen.

20. März | Die Kapelle bei Abenheim | Rheinland-Pfalz

Allein auf weiter Flur, nahe der Landstraße von Abenheim nach Osthofen, steht die Abenheimer Kapelle. Die Ebene liegt wenige Kilometer nördlich von Worms auf einer Niederterrasse des Rheins. Die dortige Bodenmischung aus Parabraunerde und Löss ermöglicht intensiven Gemüseanbau. Diese fruchtbare Region zwischen Oberrhein und Vorderpfalz nahmen einst die Kelten, dann die Römer und nach der Völkerwanderung im 5. Jh. die Burgunder in Besitz.

21. März | Äcker bei Aschersleben | Sachsen-Anhalt

Die landwirtschaftlichen Flächen im Landkreis Aschersleben-Staßfurt weisen die höchsten Bodenwertzahlen in Deutschland auf. Zuckerrüben, Getreide, Kartoffeln und Gewürze, vor allem Majoran, gedeihen auf den Feldern. Besonders günstig für den Gewürzpflanzenanbau ist das regenarme Klima der im Regenschatten des Harzes gelegenen Region. Im Zeitalter der Industrialisierung entstanden in der Gegend aber auch zahlreiche Dampfmaschinen-, Flugzeugbau-, Werkzeugmaschinen- und Chemiefabriken.

22. März | Land-Art bei Langenberg | Nordrhein-Westfalen

Anlässlich des Großprojekts »Tuchfühlung II: Körperkonturen«, das der Kulturverein Langenberg im Jahr 2000 initiierte, schuf der Münchner Gärtner und Künstler Heinrich Bunzel in der Einflugschneise des Düsseldorfer Flughafens eine 120 Meter große Figur. Unter dem Motto »Der Mensch ist eine Leerform« erhielten 250 internationale Künstler jeweils dieselbe Körperkontur, eine lebensgroße Schablone unbestimmten Geschlechts aus Plattenstahl. Daraus entwickelten sie Plastiken, Skulpturen, Installationen und Bilder, die in einer Freiluft-Ausstellung rund um Langenberg präsentiert wurden. Der Konturenmensch auf der Wiese überlebte einen Sommer. Inzwischen ist wieder Gras über die Kunst gewachsen.

23. März | Die Insel Scharhörn | Niedersachsen

Nur ein Zehntel des Nationalparks Hamburgisches Wattenmeer steht dem Menschen zur Verfügung. Der Rest gehört wirbellosen Tieren und Vögeln. Die Insel Scharhörn entstand seit 1925, nachdem man bemerkt hatte, dass sich im Wattenmeer auf der Scharhörnplate kleine Dünen angehäuft hatten. Sandfangzäune unterstützten das Eiland in seiner Entwicklung. Durch Sandflug, Wellen und Wind getrieben, wandert das 15 Hektar große Landstück nach Südosten. Was auf der Luvseite abgetragen wird, setzt sich auf Lee an. Seltene Brand- und Zwergseeschwalben brüten auf der Vogelschutzinsel. Zwischen Juli und September mausern sich bis zu 50 000 Brandgänse; sie dürfen nicht gestört werden, da sie während dieser Zeit nicht fliegen können.

24. März | Die Burgruine Alerheim im Ries | Bayern

Mitten im Ries, zehn Kilometer östlich von Nördlingen, liegt in einer ausgedehnten Ackerlandschaft auf einer Anhöhe die Burgruine Alerheim. Ihr Schicksalsmonat war zweimal der August. Erstmals nahmen kaiserliche Truppen auf ihrem Zug gen Nördlingen während des Dreißigjährigen Kriegs im August 1634 die Burg ein und steckten sie in Brand. Es folgten Hungersnot und Pest. Am 3. August 1645, als in der Schlacht bei Alerheim bayerisch-kaiserliche gegen französisch-hessische Truppen kämpften, wurde die Burg erneut zerstört. Nur einen Tag dauerten die Kämpfe, doch 8000 Soldaten fielen, und das nahe gelegene Dorf Alerheim wurde fast vollständig zerstört und niedergebrannt.

25. März | Die Zitadelle Spandau | Berlin

Die von der Havel umflossene Zitadelle Spandau entstand im 16. Jh. auf den Grundmauern der schon vorhandenen Burganlage unter den Baumeistern Christoph Römer und Chiaramella de Gandino. Mit seinen Eckbastionen König, Königin, Kronprinz und Brandenburg galt der Festungsbau als uneinnehmbar. Später achtete man darauf, dass niemand herauskam: Die Zitadelle diente als Staatsgefängnis. Der Bergfried Juliusturm – früher Judenturm – wurde bereits im 13. Jh. als Wachturm und Zufluchtsstätte erbaut. Sein Name geht wohl auf den Juden Fritzel zurück, der ab 1356 unter Markgraf Ludwig das Turmamt ausübte. Nach dem Krieg von 1870/71 lagerten innerhalb der zwölf Meter dicken Mauern französische Reparationszahlungen.

26. März | Nürnberg | Bayern

Das Wahrzeichen der Stadt Nürnberg ist die Kaiserburg. Sie wurde im 11. Jh. unter Kaiser Heinrich III. begonnen; nach der Zerstörung im Zweiten Weltkrieg bauten die Bürger sie innerhalb von zwei Jahrzehnten wieder auf. Alle anerkannten Kaiser und Könige der Reichsgeschichte von 1050 bis 1571 weilten dort und hielten Reichs-, Hof- und Gerichtstage ab. Auch die Stadt zu Füßen des Sandsteinfelsens entwickelte sich. Bald gab es einen Stadtrat, und Nürnberg trat dem Rheinischen Städtebund bei. Nach dem Untergang des staufischen Kaiserhauses nahmen die reichsstädtischen Patrizier das politische Schicksal fest in die Hand und machten Nürnberg zu einem der wichtigsten Handelszentren Europas.

27. März | Die Rennstrecke Oschersleben | Sachsen-Anhalt

Inmitten der landwirtschaftlich genutzten Magdeburger Börde liegt die Rennstrecke Motopark Oschersleben. Die Idee zu ihrem Bau brachte der Automobilclub Oschersleben kurz nach dem Zerfall der DDR im Jahr 1989 auf. Die konkrete Planung begann 1992, mit den Bauarbeiten fing man 1996 an. Drei Millionen Kubikmeter Bördenboden mussten bewegt werden. In nur zwölf Monaten entstand die 3,667 Kilometer lange Piste, die internationale Normen erfüllt und Formel-1-tauglich ist. Am 25. Juli 1997 wurde die Anlage eröffnet. Zwischen den motorsportlichen Wettbewerben nutzt die Automobil- und Zulieferindustrie den Motopark zum Testen.

28. März | Die Talsperre Spremberg | Brandenburg

Auf ihrem Weg durch die Niederlausitz passiert die Spree die Talsperre Spremberg. Seit 1965 staut man den Fluss zwischen der Braunkohlemetropole Spremberg und der Industriestadt Cottbus. Die Talsperre schützt den Spreewald vor Hochwassern und stellt die Versorgung der nahe liegenden Braunkohlekraftwerke mit Kühlwasser sicher. Gleichzeitig ist der Stausee heute ein Erholungs- und Landschaftsschutzgebiet.

29. März | Passau | Bayern

In Passau münden Inn und Ilz in die Donau. Die Farbe der Flüsse verrät schon etwas über ihre Herkunft: Der Inn bringt gelösten, hellen Steinstaub aus den Alpen mit; die Donau, deren Quelle in Donaueschingen liegt, sammelt Wasser von Nebenflüssen, die ihre Schwebstoffe weitgehend abgesetzt haben; die Ilz führt moordunkles Wasser aus dem Bayerischen Wald zu. Der Inn bringt das meiste Wasser mit, was die Donau nachhaltig stärkt. Eine weniger schöne Begleiterscheinung von Donau und Inn sind die gefürchteten Hochwasser, die immer wieder die Passauer Altstadt auf der langen Landzunge überfluten. Oberhalb des Steilufers liegen die Trutzburg Veste Oberhaus und die mit einem Wehrgang verbundene Veste Niederhaus.

30. März | München | Bayern

Wo heute die 1,2 Millionen Einwohner zählende Stadt München liegt, siedelten sich im 10. und 11. Jh. Mönche aus dem Kloster Tegernsee am Isarufer an. 1158 zerstörte Heinrich der Löwe, Herzog von Sachsen und Bayern, die isarabwärts gelegene, konkurrierende Zollbrücke des Bischofs von Freising und ließ eine eigene Brücke bei der Mönchssiedlung »Munichen« bauen und mit einem Mauerring befestigen. Wenig später erhielt der Ort vom Kaiser das Marktrecht. Der Schöpfer des neuen München war König Ludwig I., der es im 19. Jh. zu einer Kunststadt von Rang und zu einem Mittelpunkt des Geisteslebens in Deutschland machte.

31. März | Die Zugspitze | Bayern

Der bayerische Leutnant Karl Naus gilt als Erstbesteiger der Zugspitze. 1820 betrat er anlässlich von Vermessungsarbeiten den 2962 Meter hohen Gipfel. Im Jahr 1897 entstand am Westgipfel das Münchner Haus des Alpenvereins mit einer meteorologischen Station. Neben der Wetterwarte gibt es heute eine Richtfunkstation, ein Observatorium und im ehemaligen Hotel Schneefernerhaus eine Umweltforschungsstation. Der ganze Gipfelbereich ist ein High-Tech-Zentrum mit Internet-Café, Konferenzräumen mit kompletter technischer Ausstattung, Kiosk und Selbstbedienungsrestaurant.

1. April | Lübeck | Schleswig-Holstein

1143 errichtete Graf Adolf von Schauenburg eine Kaufmannssiedlung, umgeben von den Flüssen Wakenitz und Trave. Ihr Name Lubeke stammt vom slawischen Liubice (die Schöne). Die Lage der Siedlung war handelspolitisch geschickt gewählt: Hier bestand schon ein Handelsweg, der Kaufleute aus dem Westen dorthin führte. Heinrich der Löwe rief 1161 die »Genossenschaft der Gotland besuchenden Kaufleute des Römischen Reiches« ins Leben. Sie ist der Ursprung der Hanse. Seit Mitte des 13. Jhs. wurde Lübeck von den anderen niederdeutschen Handelsstädten immer häufiger mit der Interessenvertretung aller betraut und schließlich zum Haupt der Hanse, die im 16. Jh. an Macht verlor. Lübeck, Bremen und Hamburg nennen sich bis heute »Hansestadt«.

2. April | Der Fernsehturm | Berlin

Eines der unübersehbaren Wahrzeichen Berlins ist der 368 Meter hohe Fernsehturm – »Telespargel« genannt – auf dem Alexanderplatz. In 207 Meter Höhe befindet sich darin ein drehbares Café, das innerhalb einer halben Stunde einen kompletten Rundblick mit bis zu vierzig Kilometern Sichtweite bietet. Von bescheidenen Ausmaßen wirken dagegen die Marienkirche und das Rote Rathaus mit seinem 74 Meter hohen Turm. Von Osten her fließt die Spree durch die Stadt; im Stadtteil Friedrichshain bildet sie den Rummelsburger See aus.

3. April | Papenburg | Niedersachsen

Seit über 200 Jahren baut die Meyer-Werft in Papenburg Schiffe, früher aus Holz, seit 1874 aus Eisen. Neben Gastankern und Tiertransportern sind luxuriöse Kreuzfahrt- und Fährschiffe die Spezialität des in sechster Generation geführten Familienunternehmens. Die »Silja Europa« für die finnische Reederei Silja Line war 1993 die international größte Kreuzfahrtfähre. Inzwischen erhält das Unternehmen Aufträge für Kreuzfahrtschiffe aus aller Welt. Für die indonesische Reederei Star Cruises baute die Werft 1998/99 die »Super Star Virgo«, später die »Super Star Leo«; ein neuer Luxusliner ist bereits bestellt. Asien gehört zu den am schnellsten wachsenden Märkten für Kreuzfahrtschiffe.

4. April | Der Hafen von Laboe | Schleswig-Holstein

Rund um die Kieler Förde ist der Segelsport weit verbreitet. An der Außenförde im Stadtteil Schilksee befindet sich das Olympiazentrum mit dem Olympiahafen von 1972. Gegenüber, am Ostufer der Förde, liegt Laboe, das für sein Marinedenkmal bekannt ist. Im Hafen von Laboe sind Freizeitboote und ein Fischkutter an einem Steg festgemacht.

5. April | Segelboote im Chiemsee | Bayern

Mit seiner Größe von achtzig Quadratkilometern ist der Chiemsee eines der beliebtesten Segelreviere Deutschlands. Rund um das »Bayerische Meer« verteilen sich offene Liegeplätze, Yachthäfen mit Stegliegeplätzen und ein Dutzend Segelschulen. Das Zentrum des Chiemseetourismus ist der Kneipp- und Luftkurort Prien, dessen Hafen sich im Ortsteil Stock befindet.

6. April | Baumstämme bei Stade | Niedersachsen

Unweit von Stade an der Niederelbe lagern Tausende von Baumstämmen. Das Wasser konserviert sie bis zum Weitertransport. Die Schwinge, ein Nebenfluss der Elbe, umfließt die Altstadt von Stade fast vollständig und strömt dabei durch den Burggraben und den Floßhafen. Stade war schon im 10. Jh. eine Festungsstadt und seit dem 13. Jh. Mitglied der Hanse. Allerdings verschlickte die Schwinge und bremste damit den wirtschaftlichen Aufschwung, was der Nachbarstadt Hamburg damals nicht ungelegen kam. Ein Großbrand im Jahr 1659 äscherte zwei Drittel der Stadt ein. Die engen Gassen der wieder aufgebauten Altstadt säumen noch heute zahlreiche Fachwerkbauten.

7. April | Frankfurt | Hessen

Vom Taunus her kommend, wird deutlich, warum Frankfurt auch »Mainhattan« genannt wird. Die Bürotürme von Banken und Versicherungen ragen hoch in den Himmel; der von Sir Norman Foster gestaltete Sitz der Commerzbank ist mit 298 Metern (mit Antenne) das höchste Bürogebäude Europas. Die kosmopolitische Stadt gehört zu den bedeutendsten Wirtschafts- und Handelszentren Deutschlands: Die Bundesbank, die wichtigste deutsche Börse und viele Großbanken haben dort ihren Sitz, internationale Messen locken Besucher aus aller Welt nach Frankfurt. Die Stadt hat aber auch ein anderes Gesicht: Sie birgt Parkanlagen, eine Museumsmeile am Mainufer und kulturelle Angebote von Weltgeltung.

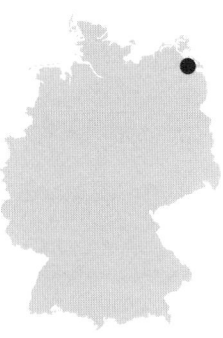

8. April | Äcker bei Greifswald | Mecklenburg-Vorpommern

Die agrarischen Böden nahe Greifswald zählen qualitativ nicht zu den besten. Schuld daran sind die Gletscher der letzten Eiszeit, die sich von Skandinavien her über Vorpommern schoben. Die Folgen: eine oft mehrere Meter tiefe Entkalkung, eine Ausspülung des Feinmaterials und eine Überdeckung des Untergrunds mit Flugsand oder Sandlöss. Die Böden befinden sich heute in einer Übergangsphase von stark saurem und nährstoffarmem Podsol zu humusbildender Braunerde.

9. April | Die Nordseeküste bei Meldorf | Schleswig-Holstein

Die Meldorfer Bucht von Büsum bis Friedrichskoogspitze gehört zum Nationalpark Schleswig-Holsteinisches Wattenmeer. Ein Deich schützt das Land vor Überschwemmung bei Spring- und Sturmfluten. Typisch für das Marschland längs der Nordseeküste: Der Boden besteht aus Sand und Schlick, die das Meer durch den Rhythmus der Gezeiten angespült hat. Auch durch Menschenhand gelang es, in der Region Dithmarschen Land zu gewinnen. Aufgrund des gemäßigten, maritimen Klimas kann das Milchvieh ganzjährig auf dem Grünland grasen.

10. April | Die Mühle bei Nerdin | Mecklenburg-Vorpommern

Das Küstentiefland ist klimatisch ausgeglichener als das Binnenland, die Winter sind milder und die Sommer weniger heiß. Die Erwärmung im Frühjahr setzt allerdings etwas später ein, so dass die Felder verzögert ergrünen. Im Landstrich südwestlich von Anklam an der Peene ist das Wintergetreide bereits aufgegangen, und ein weiteres Feld ist frisch angesät. Die Windmühle bei Nerdin half früher beim Entwässern der feuchten Böden. Auf lehmigem Substrat entwickelten sich fruchtbare Staugleye und Parabraunerden. Vor den großflächigen Rodungen im Mittelalter wuchsen hier Buchen- und Buchenmischwälder.

11. April | Das Wasserschloss Irmelshausen | Bayern

Nahe Bad Königshofen im Norden Unterfrankens steht das Wasserschloss Irmelshausen. Der fünfeckige Komplex, der dem Inselgrundriss angepasst ist, entstand durch zahlreiche Umbauten. Eingang und Nordwestflügel des spätgotischen Fachwerkbaus stammen aus dem 15. Jh., drei weitere Flügel ließ Hans von Bibra im 16. Jh. im Stil der deutschen Renaissance errichten. Die Burg zählt zu den wenigen erhaltenen Wasserschlössern Frankens und ist im Besitz der Freiherren von Bibra.

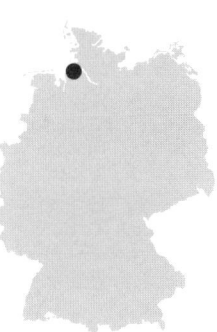

12. April | Friedrichskoog | Schleswig-Holstein

Der Naturraum Junge Marsch ist durch Sedimentation aus der Wattenküste der Nordsee entstanden. Dieser natürliche Vorgang wird von den Dithmarschern gefördert: Dazu legen sie niedrige Dämme, die Lahnungen, an. Sie packen Reisig zwischen die Pfahlreihen und verschnüren es fest mit Draht. In den Lahnungsfeldern kommt das Wasser der Flut schneller zur Ruhe, Schlick setzt sich ab, und das Watt wächst in die Höhe. Als erste Pflanze siedelt sich der Queller an, der auch auf dem sehr salzhaltigen Boden wächst und ihn mit seinen Wurzeln festhält. Auf dem neu entstandenen Vorland folgen harte, kurze Gräser, welche die Salzwiesen bilden, die als Schafweiden genutzt werden.

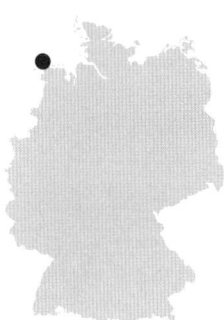

13. April | Das Strandhotel Kurhaus Juist | Niedersachsen

Das Strandhotel Kurhaus Juist hat schon viele Stürme überstanden, auch den von 1906, als die Nordsee ins Parterre eindrang und die Wandelhalle verwüstete. Zum Schutz baute man 1911 eine Strandmauer, die allerdings zur Folge hatte, dass die große Freitreppe zum Strand versandete. Für Furore sorgte die Hotelleitung, als sie 1904 auf dem Strandabschnitt vor dem Kurhaus ein Familienbad einrichtete, was ein Novum in der preußischen Bäderordnung bedeutete. Genau hundert Jahre nach Inbetriebnahme, im Jahr 1998, wurde das seit 1994 renovierte und teilweise umgebaute Strandhotel wieder eröffnet. Es gehört jetzt einem Unternehmen der Commerzbank-Gruppe.

14. April | Der Ölhafen von Wilhelmshaven | Niedersachsen

Der Jadebusen und die Trichtermündung der Jade erhielten ihre Form erst im Mittelalter durch gewaltige Sturmfluten. Am Ende der Bucht liegt die Stadt Wilhelmshaven mit ihrem Ölhafen, in dem auch Supertanker anlegen können. Erdöl und andere petrochemische Produkte spielen für den größten Tankerlöschplatz Deutschlands eine bedeutende Rolle. Zu den Hafenanlagen gehören eine Tankerlöschbrücke, ein Zwischentanklager und eine Mineralölfernleitung. Nördlich von Wilhelmshaven erstreckt sich bis zur Nordsee das Wangerland mit den Städten Wittmund und Jever.

15. April | Der Ölhafen von Wilhelmshaven | Niedersachsen

Das etwa 22 Kilometer lange Flüsschen Jade sammelt sein Wasser in der Jader Marsch und ergießt es in den Jadebusen. Am Übergang zur Jademündung liegt Wilhelmshaven mit dem einzigen deutschen Tiefwasserhafen, zu dem auch der einige Kilometer meerwärts gelegene Ölhafen gehört. Der von Emden kommende Ems-Jade-Kanal endet ebenfalls in der Stadt mit ihren 85 000 Einwohnern. Wilhelm I., König von Preußen, weihte dort am 17. Juni 1869 den Hafen für die Kriegsmarine ein und gab der zeitgleich entstandenen Siedlung seinen Namen.

16. April | Der Rangierbahnhof Maschen | Niedersachsen

Der Rangierbahnhof Maschen bei Hamburg ist seit 1980 voll in Betrieb. Er wurde damals als technisches Wunder bezeichnet und war der größte und modernste Rangierbahnhof Europas. Die Anlage weist beeindruckende Daten auf: 300 Kilometer Schienen, 590 000 Schwellen, 625 Weichen, 110 Haupt- und 570 Rangiersignale. Als Landschaftsausgleich für das sieben Kilometer lange und 700 Meter breite Gelände schuf die Bahn vier Baggerseen, pflanzte 258 000 Bäume und legte 140 000 Quadratmeter Sträucher an. Heute werden viele Gleise des gigantischen Bahnhofs nicht mehr gebraucht, denn die Zahl der zu rangierenden Güterwaggons hat stark abgenommen.

17. April | Große Kirr | Mecklenburg-Vorpommern

Die Vogelinsel Große Kirr ist Teil des Nationalparks Vorpommersche Boddenlandschaft. Dort findet sich noch ursprüngliches Salzgrasland mit zahlreichen Prielen und Salzpfannen, in denen im Sommer die Salzkonzentration durch Verdunstung sehr hoch sein kann. Nur sehr spezialisierte Tiere und Pflanzen können dann darin leben. Besonders für Vögel ist das Salzgrasland der Großen Kirr ein wichtiger Lebensraum: Säbelschnäbler und Alpenstrandläufer brüten dort; Wildgänse und Kraniche nutzen die Insel als Schlafplatz. Durch Eindeichung, Trockenlegung und landwirtschaftliche Nutzung wurden in den letzten vierzig Jahren jedoch achtzig Prozent des Salzgraslandes in Mecklenburg-Vorpommern zerstört.

18. April | Esterweger Dose | Niedersachsen

Bis zum Jahre 1959 war die Esterweger Dose östlich von Papenburg das größte zusammenhängende Hochmoorgebiet in Mitteleuropa. Dann erteilten die Behörden Genehmigungen zum Abtorfen dieses zusammen mit dem Ostrhauderfehner Moor, dem Westermoor und dem Timpermoor 11000 Hektar großen Gebietes. Nach dem Abtorfen werden die Flächen vernässt, damit sich die Natur regenerieren kann. Es wird aber noch mehrere tausend Jahre dauern, bis sich wieder ein vollständiges Hochmoor gebildet hat. Ein Teil des Gebiets steht mittlerweile unter Naturschutz.

19. April | Die Mainschleife bei Volkach | Bayern

Bei Volkach beschreibt der Main zwei markante Schleifen, die der Region ihren Namen gaben. Das Foto zeigt Charakteristika Frankens: die dichte Besiedelung des Maintals; die streifige Zerstückelung der Äcker aufgrund des Erbteilrechts, die vielerorts bereits durch Flurbereinigungen behoben wurde; die Weinberge; die scheinbar vegetationslosen braunen Felder, in denen bereits der Spargel heranwächst, und den Main, der sein Bett in den Muschelkalk eingeschnitten hat. Auf dem langen Bergsporn, an dessen Ende Volkach liegt, thront die Vogelsburg. Das ehemalige Karmelitenkloster ist seit 1956 im Besitz von Augustinerschwestern. Es dient heute als Tagungshaus, Gaststätte und Ausblick über das Frankenland.

20. April | Der Auslauf des Forggensees | Bayern

Durch einen 41 Meter hohen Erddamm sperrte man in den 1950er Jahren bei Roßhaupten im Allgäu eine Lech-Schlucht ab. Der Ort Forggen versank, und ein zwölf Kilometer langer See entstand. Mit ihm wurde ein Teil des Seengebiets rekonstruiert, das nach dem Abschmelzen der Eiszeitgletscher vor rund 10 000 Jahren um Füssen entstanden war. Der Forggensee dient als Freizeitgebiet und als Wasserspeicher für ein Kraftwerk in Roßhaupten. Gleichzeitig reguliert er die Frühjahrshochwasser des Lechs und die Wasserzufuhr für die flussabwärts folgenden zwanzig Laufwasserkraftwerke, die zusammen 1162 Gigawattstunden Strom im Jahr produzieren.

21. April | Freiburg | Baden-Württemberg

Freiburg ist das kulturelle Zentrum des Breisgaus. Das Leben in der Universitätsstadt wird von den etwa 28 000 Studenten geprägt. Charakteristisch für das historische Zentrum sind die »Bächle«, kleine Wasserläufe, die im Mittelalter der Brandbekämpfung und als Viehtränke dienten. Auf 278 Meter über dem Meeresspiegel im Oberrheingraben gelegen, erlebt Freiburg ein äußerst günstiges Klima. Doch unmittelbar dahinter in östlicher und südlicher Richtung beginnt der Naturpark Südschwarzwald und mit ihm eine regenreiche, herbe Region. Dort erhebt sich unter anderem der Hausberg der Freiburger, der Schauinsland, mit 1284 Metern.

22. April | Die Schwäbische Alb | Baden-Württemberg

Die Schwäbische Alb fällt nach Nordwesten steil ins Vorland ab. 300 Meter unter dem Nebel verbergen sich Städte wie Göppingen, Esslingen und Stuttgart samt ihren Einzugsgebieten. Auf der Alb herrscht ein raues Klima. In 700 Meter Höhe harrt der Winter lange aus. Im April zählen die Meteorologen hier immer noch zwölf Frosttage, in Stuttgart gerade mal drei. Charakteristisch für die Schwäbische Alb sind die zahlreichen Höhlen. Der Untergrund aus Kalk ist von Rissen und Spalten durchzogen. Das Regenwasser sickert schnell ein und wäscht auf seinem Weg in die Tiefe Kalk aus – mit der Zeit entstehen so ganze Höhlensysteme.

23. April | Der Schwanberg im Steigerwald | Bayern

Ein Gewitter zieht vom Schwanberg über den Steigerwald. Auf dem sagenumwobenen Berg am Westrand des Waldes bestand bereits um 7000 v. Chr. eine ständige Siedlung, was durch prähistorische Funde belegt ist. Urkundlich erwähnt wurde der »Swaneberk« erstmals 1230 im Rahmen eines Grenzstreits. Sein Name deutet auf einen mythischen Berg hin: Die Kelten legten dort nicht nur eine Fliehburg an, sondern brachten auch ihrer Göttin Svana Opfer dar; die Germanen beteten gleichermaßen die Schwanenjungfrauen an. Heute wird das Schloss Schwanberg von der Communität Casteller Ring als geistliches Zentrum genutzt.

24. April | Gerchsheim | Baden-Württemberg

Nur wenige Kilometer südwestlich von Würzburg, aber bereits in Baden-Württemberg, liegt Gerchsheim. Die Autobahn Würzburg–Ulm und die Romantische Straße von Würzburg in Richtung Füssen führen an dem Dorf vorbei, beeinflussen es aber kaum in seiner landwirtschaftlichen Prägung. Ringsum in der Gäulandschaft lagert seit Tausenden von Jahren fruchtbarer Lössboden, der den Bauern ein brauchbares Auskommen sichert.

25. April | Das Völkerschlachtdenkmal bei Leipzig | Sachsen

Das Völkerschlachtdenkmal wurde 1913 nach 15-jähriger Bauzeit fertig gestellt. Der 91 Meter hohe Komplex, dessen Kosten sich auf sechs Millionen Goldmark beliefen, entstand auf Initiative des Deutschen Patriotenbundes. Er erinnert an die größte Schlacht des 19. Jhs., die Völkerschlacht bei Leipzig, die 1813 vor den südlichen Toren der Stadt tobte. Die verbündeten Armeen Russlands, Österreichs, Preußens und Schwedens kämpften hier mit insgesamt 225 000 Soldaten gegen die 160 000 Soldaten der Armee Napoleons. Auf dessen Seite war die Rheinbundarmee, der auch die Sachsen angehörten. Am 18. Oktober 1813 stand die Niederlage Napoleons fest. 130 000 Tote blieben auf dem Schlachtfeld zurück.

26. April | Bei Anklam | Mecklenburg-Vorpommern

Bevor die Peene bei Anklam in das Oderhaff mündet, staut sich ihr Wasser im Peenetalmoor, dem größten zusammenhängenden Niedermoorgebiet Deutschlands. Über den Fluss-Sedimenten liegen mehrere Meter mächtiger Torfschichten. In diesen Wasserhaushalt mischt sich besonders bei Winter- und Frühjahrshochwassern der Oder Wasser aus dem Haff. Das Gleichgewicht der urtümlichen Landschaft hat der Mensch im 18. und 19. Jh. durch Torfabbau gestört. Heute gehören die ehemaligen Torfstiche längst wieder der Natur und dem Spiel des Wassers, denn Teile des Peenetalmoors sind Naturschutzgebiet. Hier verfremdet die Reflexion des Abendrots die unklare Uferkontur.

27. April | Die Insel Koos | Mecklenburg-Vorpommern

Innerhalb des Greifswalder Boddens bildet sich im Naturschutzgebiet der Halbinsel Koos eine Binnennehrung – eine schmale Sandbank – heraus. Eine immerfort in dieselbe Richtung ziehende Strömung nimmt Sand mit und lagert ihn wenige Meter weiter wieder an. Noch liegen die Sandrippen unter der Wasseroberfläche, doch schon bald werden sie höher wachsen und den offenen, tieferen Teil des Greifswalder Boddens von der neuen Lagune abtrennen.

28. April | Ein Steinbruch bei Haldensleben | Sachsen-Anhalt

Der Flechtinger Höhenzug zwischen Wolfsburg und Haldensleben ist vulkanischen Ursprungs. An seinem südöstlichen Ende liegen die Steinbrüche Eiche und Dönstedt. Die Steine, die hier seit über hundert Jahren zum Straßen- und Eisenbahnbau gebrochen werden, bezeichnet man als Vulkaniten, da sie aus emporgequollener Lava entstanden sind. Der Gesteinsstaub in den Pfützen färbt sich aufgrund seines Eisengehalts rot.

29. April | Das Neckartal im Odenwald | Baden-Württemberg

Im Westen, wo der Neckar glänzt, liegt die Universitätsstadt Heidelberg. Sie gilt als eine der Wiegen der deutschen Romantik; Eichendorff, Arnim und Brentano wirkten dort. Kaum weniger romantisch geht es im Odenwald zu: im Durchbruchtal des Neckars mit den vielen Burgen, in den Nebentälern mit ihren Klöstern und in den Wäldern, die durch Sage und Dichtung verklärt wurden. Hier soll der finstere Hagen den blonden Siegfried mit einem Speer rücklings ermordet haben. Den Odenwald durchziehen die Ferienstraße Alpen–Ostsee, die Burgenstraße, die deutsche Fachwerkstraße und natürlich die Siegfriedstraße.

30. April | Freudenberg | Nordrhein-Westfalen

Zwischen Rothaargebirge und Westerwald am Rande des Siegerlandes liegt die ehemalige Bergarbeiterstadt Freudenberg. Im späten Mittelalter war sie durch Eisenverhüttung und Stahlerzeugung weithin bekannt, im vorigen Jahrhundert gründete sie ihren Wohlstand auf die Leder-, Leim- und Filzindustrie. Der historische Stadtkern – genannt »Alter Flecken« – ist eines der wenigen erhaltenen Beispiele von deutschen Städten mit geplantem Grundriss und einheitlichem Fachwerk. Die Holzbauweise forderte allerdings in den Jahren 1540 und 1666 bitteren Tribut, als Brandkatastrophen den Ort vernichteten.

1. Mai | Felder bei Lübbenau | Brandenburg

Ein Relikt der einstigen DDR sind die zum Teil unzulänglich gepflegten Agrarflächen. Zu der über Jahre hinweg mangelhaft durchgeführten Düngung der Felder kommt hier am Nordhang des Lausitzer Höhenrückens eine naturbedingte ungenügende und ungleiche Grundwasserzufuhr hinzu. Optisch reizvoll, dem Ertrag jedoch abträglich ist die Überschwemmung des Getreidefeldes mit Klatschmohn. Die Aufnahme entstand kurz nach der Wiedervereinigung über der Autobahn 13 von Dresden nach Lübbenau in der Nähe des Dreiecks Spreewald.

2. Mai | Lübz bei Parchim | Mecklenburg-Vorpommern

Das Ackerland bei Lübz nahe Parchim liegt auf einer Grundmoränenplatte mit zahlreichen Hügeln, Tälern und Seen. Die kleinen Wasserlöcher, die überall in Mecklenburg-Vorpommern zu finden sind, heißen Sölle. Sie entstanden in der Übergangsphase von der jüngsten Eiszeit zur jetzigen Warmzeit. Große Eisblöcke auf dem Dauerfrostboden verhinderten, dass sich an diesen Stellen Geröll sowie feines Bodenmaterial ablagerte. Manche der Vertiefungen gehen bis auf das Grundwasserniveau hinab. Durch die intensive Bodennutzung sind heute viele der Wasserlöcher verschwunden.

3. Mai | Die Insel Baltrum | Niedersachsen

Baltrum ist mit 6,5 Quadratkilometern die kleinste der sieben Ostfriesischen Inseln, die als Kette zwischen Ems und Weser vor der Nordseeküste liegen. Wie alle Ostfriesischen Inseln wandert auch sie, bedingt durch Meeresströmung und Wind, nach Osten. Die Häuser der rund 500 Bewohner von West- und Ostdorf sind in die Dünen hineingebaut. Zwischen dem Nordufer mit den Weißdünen und dem Südufer mit den bewachsenen Graudünen erstreckt sich das große Dünental, dessen »Talsohle« nur einen Meter über dem Meeresspiegel liegt. Dort wächst dichtes Schilf, das Kreuzkröten beheimatet, die wegen ihrer kräftigen Frühjahrskonzerte »Baltrumer Nachtigallen« genannt werden. Baltrum gehört zum Nationalpark Niedersächsisches Wattenmeer.

4. Mai | Die Querfurter Mulde | Sachsen-Anhalt

Eine mehrere Meter dicke Lössschicht bedeckt die Querfurter Börde, die auch Querfurter Mulde genannt wird. Das Ackerland ist äußerst fruchtbar; eingeschränkt wird die Nutzung allerdings durch artesisch aufsteigendes Grundwasser, so dass stellenweise Staunässe entsteht. Zu DDR-Zeiten legten landwirtschaftliche Produktionsgenossenschaften auf den Feldern nach sowjetischem Vorbild ausgedehnte Monokulturen an. Von 1952 bis 1960 wurden achtzig Prozent der landwirtschaftlichen Flächen kollektiviert. In der extremen Form, die nur mit erheblichem Druck durchgesetzt werden konnte, blieben lediglich die Haus- und Gartenwirtschaft privat.

5. Mai | Die Insel Poel | Mecklenburg-Vorpommern

Um 1210 siedelten die ersten Bauern auf der flachwelligen Ostseeinsel Poel in der Wismarbucht. Sie rodeten den reichen Baumbestand, der dem Ackerland weichen musste. Dass dieser Bereich der Ostsee einst von Gletschern überdeckt war, beweist das Soll, eine Vertiefung in der Ackerfläche. Sie wird andernorts gelegentlich als Viehtränke oder Löschteich verwendet.

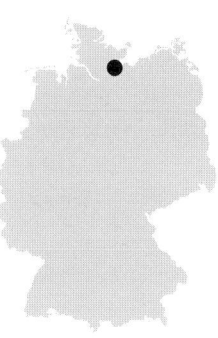

6. Mai | Ein Rapsfeld in Ostholstein | Schleswig-Holstein

Auf einem Feld in Ostholstein blüht Winterraps, eine Blattfrucht, die in Deutschland auf über einer Million Hektar Land angepflanzt wird. Etwa fünf Wochen nach der Blüte ernten die Landwirte die Pflanzen mit den ölhaltigen Körnern. Ein Hektar Raps liefert ungefähr 1200 Liter Öl. Neben der Produktion von Speiseöl ist vor allem die Kraftstoffherstellung interessant. Biodiesel ist in erheblichem Maße umweltfreundlicher als Diesel aus Mineralöl, da alle Abgaswerte niedriger sind: Dies gilt besonders für Kohlenwasserstoffe und für Kohlenmonoxid. Schwefeldioxid wird so gut wie nicht ausgestoßen. Die Kohlendioxidbilanz ist ideal, weil nur so viel freigesetzt wird, wie zuvor in der Pflanze aus der Atmosphäre gebunden wurde.

Tag | 127

7. Mai | Das Legoland Deutschland bei Günzburg | Bayern

Mitten auf der grünen Wiese nicht weit von Günzburg öffnete im Jahr 2002 das Legoland Deutschland seine Tore. Nach den Vergnügungsparks in Dänemark, England und den USA ist dieser der vierte weltweit. Über fünfzig Millionen Legosteine wurden für Figuren und Modellgebäude zusammengesetzt. Besonders spektakulär ist das Miniland, wo berühmte Städte und Landschaften Europas detailgenau nachgebaut sind. Allein in der Lego-Version von Schloss Neuschwanstein im Maßstab 1:30 stecken 300 000 Steine, die sechs Projektbauer in sechs Monaten zusammenfügten. Bereits in der ersten Saison besuchten 1,3 Millionen Menschen den Park mit seinen fantasievollen Attraktionen.

8. Mai | Der Olympiapark in München | Bayern

Der Olympiapark in München wurde anlässlich der XX. Olympischen Spiele 1972 von dem Architekturbüro Behnisch und Partner entworfen. Markenzeichen der Anlage sind die insgesamt fast 75 000 Quadratmeter großen Zeltdächer aus Acrylglasplatten, die das Olympiastadion, die Olympiahalle und die Olympia-Schwimmhalle überspannen. 1700 Kilometer Stahlseile verbinden die Konstruktion, die von 58 Masten getragen wird. Von dem 290 Meter hohen Olympiaturm mit Drehrestaurant und Aussichtsplattform überblickt man den künstlich angelegten Park, in den die Bauten eingebettet sind. Bei schönem Wetter kann man bis zu den Alpen sehen.

9. Mai | Radfahrer bei Harsewinkel | Nordrhein-Westfalen

In über siebzig Prozent aller deutschen Haushalte findet sich mindestens ein Fahrrad. Nicht nur als stauunempfindliches Fortbewegungsmittel, sondern auch in der Freizeitgestaltung hat das Zweirad Konjunktur: 55 Prozent der Deutschen nutzen es in ihren Mußestunden, sei es für gemütliche Radtouren oder zum gezielten Fitnesstraining. Auch der Fahrradurlaub liegt im Trend. Im Jahr 2003 verbrachten 1,8 Millionen Erholungssuchende ihre freien Tage auf dem Sattel.

10. Mai | Der Limburger Dom | Hessen

Seit fast 800 Jahren steht der Dom zu Limburg auf einem Felssporn über der Lahn. Er wird von sieben Türmen geziert und ist im spätromanischen Stil mit Anklängen an die Gotik erbaut. Die Außenrenovierung von 1965 unterstreicht durch den Kontrast zwischen dem Elfenbeinweiß des Verputzes und dem Rostrot des Sandsteins die architektonische Struktur. Aufgefundene Reste lassen darauf schließen, dass das Gotteshaus auch bei seiner Fertigstellung im Jahre 1250 so ausgesehen haben müsste. Bei Kunsthistorikern gilt der Limburger Dom als eine der vollendetsten Schöpfungen der Spätromanik in Deutschland.

11. Mai | Das Jagdschloss Grunewald | Berlin

Mitten im Grunewald ließ Joachim II., Kurfürst von Brandenburg, 1542 ein Jagdschloss bauen. In der Zeit nach Friedrich I. wurde der schlichte Renaissancebau am Ufer des Grunewaldsees jedoch selten genutzt. Erst als Prinz Carl von Preußen das Schloss 1828 als Ausgangspunkt der »Roten Jagd« wählte, welche die Berliner Reitervereine heute noch am Hubertustag ausüben, gewann es wieder an Bedeutung. Das Jagdschloss Grunewald birgt ein Gemäldemuseum, ein Jagdzeugmagazin mit Geräten und Trophäen und eine Waldschule der Schutzgemeinschaft Deutscher Wald.

12. Mai | Die Wieskirche | Bayern

Umgeben von Wäldern und Hochmooren steht im oberbayerischen Voralpengebiet die Wallfahrtskirche »Zum gegeißelten Heiland in der Wies«, kurz Wieskirche genannt. Sie gilt als eine der reinsten Schöpfungen des deutschen Rokokos. Erbaut wurde sie von den Brüdern Dominikus und Johann Baptist Zimmermann in den Jahren 1745 bis 1754 an der Stelle, wo die Bäuerin Maria Lory zuvor Tränen aus einem Bildnis des gegeißelten Heilands fließen gesehen hatte. Dem eigentlichen Kirchenbau schließen sich vor dem Haubenturm die Priesterwohnungen und die ehemalige Sommerresidenz der Äbte von Steingaden an. Im Bildhintergrund erheben sich die Tannheimer Berge (Österreich); davor liegt der aufgestaute Forggensee, durch den der Lech fließt.

13. Mai | Der Starnberger See | Bayern

Vom ungezähmten Natursee zum Vergnügungsgewässer wandelte sich der Starnberger See im 17. und 18. Jh., als der Münchner Hof den großen Vorbildern von Venedig und Versailles nacheiferte. 1663 ließ Kurfürst Ferdinand Maria zur Unterhaltung seiner Gemahlin das Prunkschiff »Bucentaur« bauen, eine Kopie des Krönungsschiffs der venezianischen Dogen. 2000 Menschen waren unterwegs, wenn man mit einer Flotte von 17 Schiffen über den See kreuzte. Auch Münchner Patrizierfamilien und Adelige entdeckten den »Fürstensee« für sich und bauten Schlösser und Villen am Ufer. Noch ehe 1854 die erste Eisenbahn nach Starnberg fuhr, verkehrten Dampfschiffe auf dem Wasser.

14. Mai | Die Pulsnitz bei Ortrand | Brandenburg

Paddelbootfahrer nutzen die Natur auf eine äußerst sanfte Art. Allerdings mahnen auch hier Naturschutzverbände zu bedachtem Vorgehen. Beim An- und Ablegen kann man die Ufervegetation schädigen. Auf Kiesbänken brüten Vögel wie der Regenpfeifer, an denen man in möglichst großem Abstand vorbeifahren sollte. Nester in der Röhrichtzone können durch Wellenschlag gefährdet werden. Beim Paddeln, wie hier in der Pulsnitz bei Ortrand, ist deshalb Vorsicht geboten. In Elsterwerda mündet die Pulsnitz in den Elbenebenfluss Schwarze Elster.

15. Mai | Neuenkirchen | Niedersachsen

Von Finkenwerder über Jork bis Stade erstreckt sich das Alte Land, das größte geschlossene Obstanbaugebiet Nordeuropas. Auf dem sandig-tonigen Boden der linken Elbmarsch wachsen über drei Millionen Apfel-, Birn-, Pflaumen- und Kirschbäume. Der Obstanbau hat in diesem Gebiet eine lange Tradition. Schon vor 650 Jahren wurden hier die ersten Früchte geerntet. Seinen Namen erhielt das von unzähligen Entwässerungsgräben durchzogene Alte Land von den Humanisten. Sie nannten das erste der Tide abgerungene Gebiet zwischen Schwinge und Lühe lateinisch »terra vetera«. Bei Neuenkirchen beschreibt die Lühe markante Schlingen. Diesseits des Flüsschens liegt ein Ortsteil von Guderhandviertel.

16. Mai | Land-Art-Figur bei Stemmen | Niedersachsen

Im Rahmen eines Land-Art-Projekts pflügte der Künstler Klaus Meyer-Warneboldt 1992 diese Fisch-Vogel-Figur ins Brachland des Rittergutes Rössing bei Stemmen nahe Hannover. Mit der Umweltbewegung entdeckten seit den 1960er Jahren viele Künstler die Land-Art für sich. Die Landschaft wird dabei zum Gestaltungsmaterial und zum Schauplatz vielfältiger Installationen, die durch Wind und Wetter stets neue Gesichter erhalten. Das Spektrum reicht von kleinen Installationen bis hin zu Großraumskulpturen. Ungeachtet des Aufwands gilt immer das Prinzip der Vergänglichkeit: Die Werke werden nicht konserviert, sondern dem natürlichen Kreislauf des Werdens und Vergehens unterworfen. Auch diese Figur ist längst wieder überwachsen.

17. Mai | Rapsfelder bei Aulendorf | Baden-Württemberg

Die Samen der Rapspflanze sind vielseitig verwendbar. Zur Gewinnung von Speiseöl musste man früher aufwändige Filter- und Extraktionsverfahren einsetzen, um die ungenießbare Erucasäure zu eliminieren; bei modernen Rapssorten ist sie weggezüchtet. Ernährungswissenschaftler schätzen an Rapsöl das ausgewogene Fettsäurenmuster, insbesondere den hohen Gehalt an einfach ungesättigten Fettsäuren. Diese stabilisieren die Blutfette. Das bei der Veresterung von Rapsöl zu Biodiesel anfallende Nebenprodukt Glycerin kannten schon die alten Griechen. Sie nannten die Substanz *glykys*. Glycerin wird unter anderem in der Pharma-, der Kunststoff- und Lackindustrie sowie zur Feuchthaltung von Tabak eingesetzt.

18. Mai | Plön | Schleswig-Holstein

Der Chronist Helmold berichtet 1075 als Erster über Plön. Zu dieser Zeit bewohnten slawische Wenden die Burg »Plune« auf der Insel im Großen Plöner See, die heute Olsborg heißt. Im 17. Jh. errichtete der Holsteiner Herzog Joachim Ernst auf Wunsch seiner Frau Dorothea Augusta an der Stelle der Burg das heutige Schloss. Die Johanniskirche wurde vermutlich von Melchior Steheli erbaut. Bürgerhäuser, Adelshöfe und ein klassizistisches Rathaus verleihen der Stadt am größten See des Naturparks Holsteinische Schweiz besonderen Charme.

19. Mai | Die Fuggerei in Augsburg | Bayern

Die Fuggerei in der Augsburger Jakobervorstadt ist die älteste Sozialsiedlung Europas. 1521 legte der reiche Jakob Fugger in einem Stiftungsbrief fest, dass in den 53 zweigeschossigen Häusern schuldlos verarmte Augsburger Wohnung finden sollten. Als Gegenleistung verlangte er je einen Rheinischen Gulden (0,88 Euro) Jahresmiete und täglich drei Gebete für den Stifter – Konditionen, die auch für die heutigen Mieter noch gelten. Wer in die sechzig Quadratmeter großen Wohnungen mit Garten oder Speicher einziehen darf, entscheiden die Fürstlich und Gräflich Fuggerschen Stiftungen. Der Hauptteil ihrer finanziellen Mittel wird in stiftungseigenen Wäldern erwirtschaftet.

20. Mai | Petersdorf auf Fehmarn | Schleswig-Holstein

Die Kirche St. Johannis in Petersdorf auf Westfehmarn stammt aus dem 13. Jh. Ihren 64 Meter hohen Kirchturm nutzten die Seeleute schon im 16. Jh. als Tagesmarke, weil er aus bis zu zwanzig Seemeilen Entfernung zu erkennen ist. Die Kapitäne richteten ihren Kurs nach seinem Stand aus, um sicher durch den Belt und den Sund zu segeln. Heute wird der Kirchturm zur Land- und Seevermessung als trigonometrischer Punkt benutzt.

21. Mai | Schloss Hohenbocka | Brandenburg

Von dem Ende des 19. Jhs. erbauten Schloss Hohenbocka, einem ehemaligen Rittergut, führt die Weinbergstraße durch einen Park mit alten Bäumen zum Aussichtsturm auf dem Prossenberg. Er bietet Ausblicke auf das größte Waldgebiet im Cottbuser Raum, das die Einheimischen wegen seiner Sandsteinfelswände »Bucksche Schweiz« nennen. Der höchste Berg der Region ist der Jungfernstein mit 172 Metern.

22. Mai | Neubrandenburg | Mecklenburg-Vorpommern

Am 29. und 30. April 1945 nahm die Rote Armee Neubrandenburg ein. Durch massive Kampfhandlungen und Brandlegung wurden über achtzig Prozent der Innenstadt zerstört. Der Wiederaufbau ab 1952 folgte den bereits zur Stadtgründung 1248 angelegten rechtwinkligen Straßenzügen. Erhalten geblieben ist die alte Wall- und Wehranlage, deren 7,5 Meter hohe Feldsteinmauer sich wie ein Ring um die Stadt schließt. Die 1298 geweihte Marienkirche, ein Hauptwerk der Backsteingotik, wurde fünfzig Jahre nach der Kriegszerstörung erneut eingeweiht; sie dient nun als Konzertsaal und Ausstellungshalle.

23. Mai | Wismar | Mecklenburg-Vorpommern

Am 28. Juni 2002 wurde die mittelalterliche Hansestadt Wismar in die Unesco-Liste des Weltkulturerbes aufgenommen. Man sagt, es gebe in der gut erhaltenen Stadt 350 Baudenkmäler. Sicher ist, dass der 700 Jahre alte Turm der 1945 zerstörten Marienkirche als monumentales Wahrzeichen 81 Meter emporragt. Die gotische Kirche St. Georgen, bis 1990 Deutschlands größte Kirchenruine, wird noch jahrelang renoviert werden. Der lange Flügel des Stadtwohnsitzes der mecklenburgischen Herzöge erinnert an einen italienischen Palazzo aus der Frührenaissance. Ins Auge sticht auch die Reihe der Giebelhäuser in der Lübschen Straße.

24. Mai | Heiligenhafen | Schleswig-Holstein

Vor Heiligenhafen hat sich durch Wind und Meeresströmung eine lange Nehrung gebildet, die von Westen nach Osten wandert. Der im Bild links zu sehende Teil ist inzwischen ein abgeschlossener Binnensee, der durch die Nehrung Steinwarder vom Meer getrennt ist. Den offenen Bereich mit seinem Yachthafen und dem Hafen für die Berufsschifffahrt schirmt die Nehrung Graswarder ab, die Naturschutzgebiet ist. Auf ihr stehen direkt hinter dem Strand ungefähr zwanzig zum Teil reetgedeckte Häuser, die dem Naturschutz aber nicht in die Quere kommen. Das Baden ist auf Graswarder allerdings verboten.

25. Mai | Der Bodensee | Bayern

An den tiefsten Stellen misst der Bodensee um die 250 Meter. Sein Becken haben Gletscher während vier Eiszeiten innerhalb von einer Million Jahren ausgeschürft. Ursprünglich war es nach Expertenschätzungen fast 400 Meter tief. Im Lauf der Jahrhunderte haben sich bis zu 150 Meter Sedimente angesammelt. Auch heute wird der See weiter mit Ablagerungen aufgefüllt, was unter anderem am Durchfluss des Rheins liegt. Weitere Superlative kennzeichnen den Bodensee: Er ist rund 76 Kilometer lang, bis zu 14 Kilometer breit, und seine Uferlinie erstreckt sich über 273 Kilometer.

26. Mai | Der Eibsee | Bayern

Der Eibsee am Fuße des Waxensteins bei Untergrainau verdankt seine Existenz dem größten Bergsturz der Bayerischen Alpen. Geröllmassen von der 2962 Meter hoch gelegenen Zugspitze stürzten hinab und formten unter anderem sein Becken auf 973 Meter Höhe. Bis vor kurzem galt das Abschmelzen der Gletscher nach der Eiszeit als Auslöser des Bergsturzes. 1995 stellte man jedoch bei Bohrungen fest, dass der Eibsee erst viel später, vielleicht durch ein Erdbeben, entstand. Gleich neben dem See befindet sich heute die Talstation der Großkabinenbahn auf die Zugspitze.

27. Mai | Der Spessart | Bayern

Die Höhen des Spessarts liegen etwa 500 Meter über dem Meeresspiegel. Tiefe, gewundene Täler gliedern den »Spechteshart«, wie die Region einmal hieß, in breite Rücken. Weil der Spessart jahrhundertelang als Jagdrevier für geistliche und weltliche Herrscher reserviert war, ist er bis heute dünn besiedelt. Im nördlichen Teil des Naturparks wachsen hauptsächlich Nadelbäume, im Süden überwiegen Laubbäume. Wertvoll sind die Eichenstämme. Die Furniereichen, die alljährlich im Winter zu Höchstpreisen versteigert werden, wuchsen seit dem Dreißigjährigen Krieg (1618–1648) heran. In jüngster Zeit ist das Holz unter anderem für den Bau von Barrique-Fässern gefragt.

28. Mai | Pollenflug bei Kronach | Bayern

Nadelbäume zählen evolutionsgeschichtlich zu den weniger hoch entwickelten Pflanzen. Sie stehen den Farnen näher als den Blütenpflanzen. Anstelle von Insekten ist hier der Wind Überträger des Blütenstaubs. Er verbreitet die riesigen Mengen an Pollen, die zur Bestäubung produziert werden. Damit ein Baum sich nicht selbst befruchtet, reifen seine weiblichen Organe später heran als seine männlichen. Dieser Staubsturm aus Fichtenpollen zieht über den Frankenwald bei Kronach.

29. Mai | Ein Absetzbecken bei Lauchhammer | Brandenburg

Der Reichsarbeitsdienst richtete 1933 in einer nicht mehr verwendeten Grube des Braunkohletagebaus bei Lauchhammer das Strandbad Klein Leipisch ein. Allerdings währte das Badevergnügen nicht lange, denn in den See drang schmutziges Grubenwasser ein. Schließlich nutzte man ihn als Absetzbecken zur Aufbereitung des Wassers, mit dem die Kohle abgewaschen wird. Zurück blieben verschiedene Mineralien wie Sulfat, Eisen und Eisensulfite, insbesondere Pyrit. Das restliche Wasser ist extrem sauer, was wiederum Aluminium und Schwermetalle löst, deren Konzentration giftig ist und jegliches Pflanzen- oder Tierwachstum ausschließt.

30. Mai | Der Nord-Ostsee-Kanal | Schleswig-Holstein

Der Nord-Ostsee-Kanal ist die meistbefahrene künstliche Wasserstraße der Welt. Er führt von Brunsbüttel an der Elbe knapp hundert Kilometer bis Holtenau an der Kieler Förde und verbindet somit Nordsee und Ostsee. Der Kanal ist in der Sohle maximal neunzig Meter breit und elf Meter tief. Schiffe von bis zu 9,5 Meter Tiefgang und vierzig Meter Masthöhe dürfen ihn befahren.

31. Mai | Die Insel Mainau | Baden-Württemberg

Man sieht ihr die bewegte Geschichte nicht an: Die Blumeninsel Mainau im Bodensee war unter dem römischen Feldherrn Tiberius um 15 v. Chr. eine militärische Anlage mit Kastell, Schiffswerft und Flottenbasis. Seitdem wechselte der Besitz häufig: Die Insel wurde unter anderem fränkisches Königsgut, Sitz des Deutschordenshauses und gelangte im Dreißigjährigen Krieg zwei Jahre unter schwedische Herrschaft. Mit Nikolaus Fürst von Esterházy begann 1827 die Ära der Ansiedelung seltener Pflanzen. Heute verwaltet Lennart Graf Bernadotte zusammen mit seiner Frau Sonja die Insel. Wegen ihrer Park- und Gartenanlagen mit subtropischer und tropischer Vegetation und einem Schmetterlingshaus ist sie ein beliebtes Ausflugsziel.

1. Juni | Die Rönnauer Mühle | Schleswig-Holstein

Wo heute am Stadtrand von Travemünde die Rönnauer Mühle steht, erbaute ein Müller im 16. Jh. zunächst eine Wassermühle. Im Jahr 1840 kam eine Windmühle hinzu. Ein paar Jahrzehnte später erweiterte der Besitzer die Anlage. Rund um die Rönnauer Mühle gab es einen Bäcker, eine Brauerei, eine Pension und ein Gasthaus. Als besonderen Service brachte der Wirt seine Gäste nach einer durchzechten Nacht mit einem Pferdefuhrwerk nach Hause. 1970 riss man bis auf die Windmühle sämtliche Gebäude ab, um Platz für ein Altenwohnheim zu schaffen.

2. Juni | Ein Heißluftballon im Alpenvorland | Bayern

Die Passagiere im Heißluftballon blicken auf die 120 Kilometer entfernte Kette der Bayerischen Alpen. Der Ballon befindet sich etwa auf Höhe von Burgheim bei Neuburg an der Donau. Hinter dem Ebenrieder Forst beginnt mit der ausgedehnten, ebenen Schotterfläche des Voralpenlandes der Wechsel von Grünland, Ackerland und Wäldern.

3. Juni | Die Kieler Förde | Schleswig-Holstein

Die Kieler Woche entstand aus einer Regatta, bei der am 23. Juli 1882 zwanzig Yachten vor dem Düsternbrooker Ufer in Kiel starteten. Der Versuch des Norddeutschen Regattavereins, außerhalb von Hamburg eine Wettfahrt zu veranstalten, wurde ein voller Erfolg, und Tausende von Schaulustigen verfolgten das Spektakel vom Ufer aus. Heute melden sich zu den Wettbewerben in der Kieler Förde, einem 17 Kilometer ins Land reichenden Meeresarm, bis zu 4000 Segler mit 1600 Jollen und Yachten. In den Jahren 1936 und 1972 fanden hier die olympischen Segelwettbewerbe statt.

4. Juni | Die Kieler Förde | Schleswig-Holstein

Zur traditionellen Windjammerparade während der Kieler Woche versammeln sich Briggs, Barken und Vollschiffe aus vielen Nationen auf der Innenförde. Die Kieler Woche ist das weltweit größte und bekannteste Segelsportereignis. Segeln hat in Kiel eine lange Tradition: Bereits 1887 wurde der Marine-Regattaverein gegründet, der 1891 den Namen »Kaiserlicher Yachtclub« erhielt. Zu dessen Ehrenkommodore ernannte man Kaiser Wilhelm II., der von 1894 an jedes Jahr die Kieler Woche besuchte.

5. Juni | Die Insel Fehmarn | Schleswig-Holstein

Drei Naturschutzgebiete nehmen etwa sechs Kilometer der 78 Kilometer langen Küstenlinie der Insel Fehmarn ein: Grüner Brink, eine Strandwall-Landschaft mit brackigen Strandseen, Krummsteert–Sulsdorfer Wiek, ein junger Nehrungshaken mit Strandwällen und flachen Dünen, und das Wasservogelreservat Wallnau, das sich aus einer alten Teichwirtschaft entwickelt hat. Hier befindet sich die Kinderstube von achtzig verschiedenen Brutvogelarten. In den flachen Tümpeln der Salzwiesenbereiche des gesamten Naturschutzgebietes finden sich zahlreiche Amphibienarten, wie die Wechselkröte oder die sehr seltene Rotbauchunke, wegen ihres klangvollen Rufes auch »Fehmarn'sche Nachtigall« genannt.

6. Juni | Die Insel Fehmarn | Schleswig-Holstein

Die Insel Fehmarn gehört mit nur knapp 550 Millimetern Niederschlag zu den regenärmsten und mit 1920 Sonnenstunden pro Jahr zu den sonnenreichsten Regionen Deutschlands. Fruchtbare Griserde beschert den Bauern auf Fehmarn überdurchschnittliche Bodenwertzahlen. Gerste- und Gemüseanbau sind auf der fast völlig waldfreien Insel weit verbreitet. Das Flügger Leuchtfeuer ist hier von Raps umgeben. Der 35 Meter hohe Turm ist der höchste von den insgesamt vier Leuchttürmen auf der Insel.

7. Juni | Die Nehrung Fischland | Mecklenburg-Vorpommern

Am Strand von Dierhagen auf der 13 Kilometer langen Nehrung Fischland versucht man, den Sand mit künstlichen Dämmen, den so genannten Buhnen, festzuhalten. Die immer währende, parallel zum Ufer verlaufende Strömung nimmt dennoch Material mit und lagert es weiter östlich wieder ab. Die endlosen Strände nordöstlich von Rostock gehören zu den meistbesuchten Erholungsgebieten an der Ostseeküste.

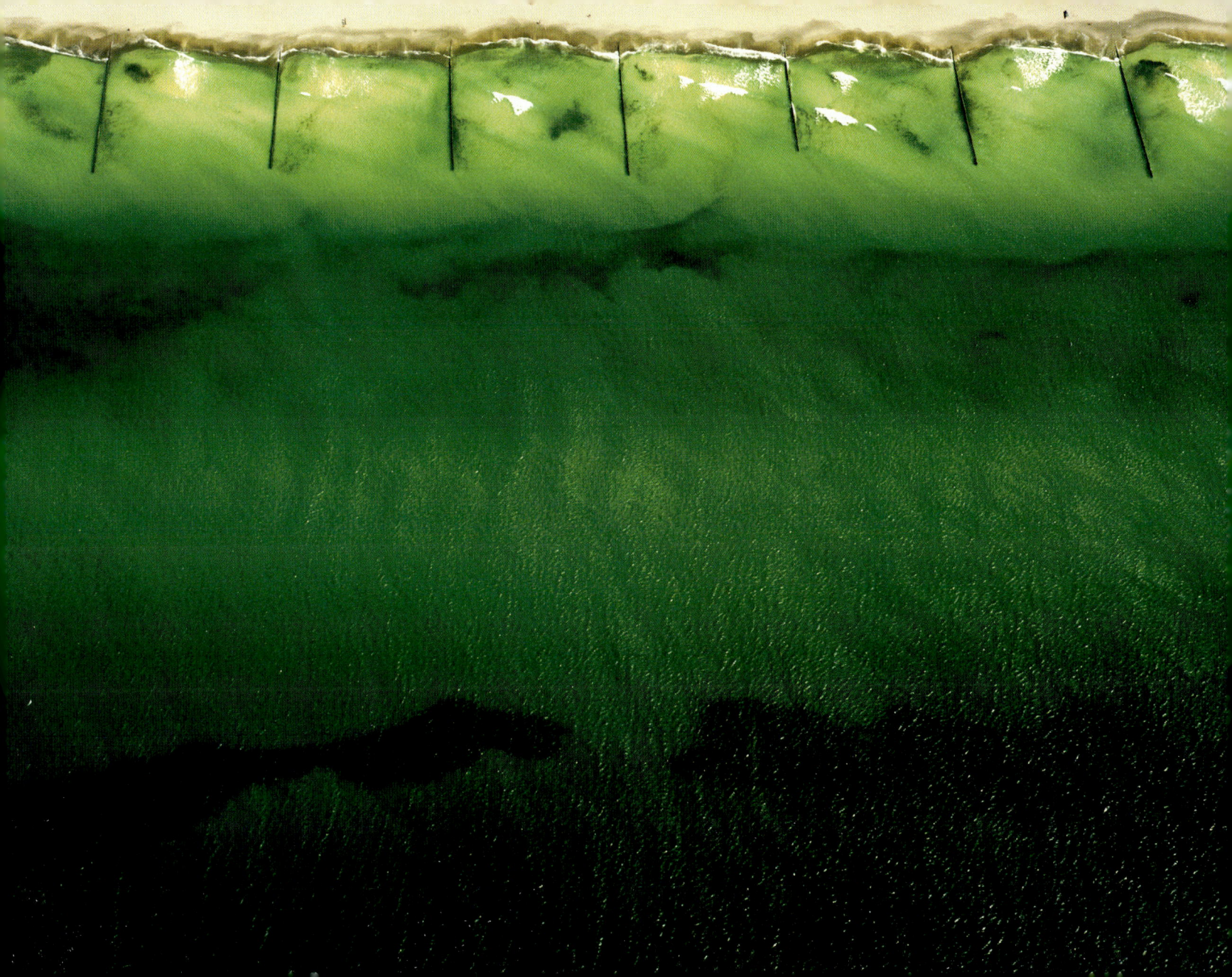

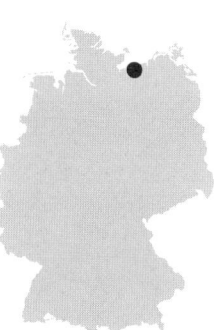

8. Juni | Die Insel Poel | Mecklenburg-Vorpommern

Die Insel Poel ist das westlichste und mit 37 Quadratkilometern größte Eiland Mecklenburgs. Die zwei wichtigsten Wirtschaftszweige sind die Landwirtschaft und der Tourismus. Als staatlich anerkannter Erholungsort zeichnet sich die Insel durch eine besonders gesunde Luft aus, die vor allem Asthmatikern und Allergikern Linderung verschaffen soll. An der Westküste liegt der Ferienort Timmendorf. Im Timmendorfer Hafen befindet sich einer der ältesten noch in Betrieb befindlichen Leuchttürme der Ostsee. Seit 1871 weist er Schiffen den Weg. Der Hauptort an der Spitze der fjordartigen Bucht namens Kirchsee ist Kirchdorf. Die kleine Insel in der Wismarbucht heißt Walfisch und ist Naturschutzgebiet.

9. Juni | Das Holsteinische Wattenmeer vor Büsum | Schleswig-Holstein

Über dem Holsteinischen Wattenmeer brauen sich dunkle Wolken zusammen. Immer wieder haben Unwetter die Westküste und die vorgelagerten Inseln verändert – teils unwiederbringlich zerstört, teils neu aufgebaut. Die Meldorfer Bucht reichte früher tiefer ins Land hinein, doch angespülter Schlick hat sich nach und nach als Marschland abgelagert. Auf der Halbinsel liegt das Nordseeheilbad Büsum. Im Fischerhafen an der Landspitze gibt es als Spezialität die Büsumer Krabben.

10. Juni | Die Residenz in Würzburg | Bayern

Napoleon nannte die Würzburger Residenz »Europas größten Pfarrhof«. Auftraggeber war 1720 Fürstbischof Johann Philipp Franz von Schönborn, der den Schlössern in Versailles und Schönbrunn etwas Ebenbürtiges zur Seite stellen wollte. Der Barockbaumeister Balthasar Neumann plante das Bauwerk und brachte es 1744 zu Ende. Eine technische Meisterleistung ist das Treppenhaus mit seinem weiten Muldengewölbe, das vom größten Deckenfresko der Welt geziert wird. Sein Schöpfer Giovanni Battista Tiepolo stellte darauf die damals bekannten vier Kontinente dar und ließ den Sonnengott Apoll, den Beschützer der Künste, vom Himmel herabsteigen. Weitere symbolträchtige Gemälde schuf Tiepolo auch im Kaisersaal der Residenz.

11. Juni | Kassel | Hessen

Der Ursprung Kassels als fränkischer Königshof spiegelt sich in den Straßen- und Platznamen wider: Auf den kreisrunden Königsplatz laufen die Untere und die Obere Königsstraße zu. Die Innenstadt, die nach den schweren Kriegszerstörungen schnell wieder aufgebaut wurde, ist von wenig attraktiven Zweckbauten geprägt. Doch Kassel hat andere Reize: Nicht nur Kunstinteressierte bringen den Namen der Stadt mit der »documenta« in Verbindung, einer internationalen Ausstellung moderner Kunst, die seit 1955 alle fünf Jahre in Kassel stattfindet – das nächste Mal im Jahr 2007.

12. Juni | Die Museumsbahn in Losheim | Saarland

Eigentlich wollten sieben Eisenbahnfreunde einen Modelleisenbahnclub gründen und die stillgelegte Strecke der Merzig-Büschfelder-Eisenbahn (MBE) nachbauen. Doch der Plan scheiterte an den fehlenden Räumlichkeiten. So beschlossen die Eisenbahnliebhaber, einen Museumsbahnbetrieb auf den Gleisanlagen der MBE ins Leben zu rufen. Auch dieses Vorhaben erwies sich als problematisch, da die passende Eisenbahn fehlte. Ein Luxemburger Eisenbahnverein lieferte schließlich eine betriebsbereite Dampflok, mit welcher der Club die Museumsfahrten aufnahm. Das Staatliche Konservatoramt in Saarbrücken stellte 1987 die gesamte Bahnstrecke mit ihren Gebäuden und Anlagen unter Denkmalschutz. Mittlerweile rollt hier sogar Güterverkehr.

13. Juni | Felder bei Hadmersleben | Sachsen-Anhalt

Nördlich der deutschen Mittelgebirge lagert in einem zwanzig bis achtzig Kilometer breiten Gürtel fruchtbarer Lössboden. Er bildet gewissermaßen den Grenzsaum zum norddeutschen Tiefland. Während der Weichseleiszeit verbliesen Winde Gesteinsstaub von den Gletschern nach Süden. Eine gewaltige Schicht setzte sich beispielsweise in der Magdeburger Börde ab. Durch die nachfolgende Steppenvegetation entwickelte sich auf der bis zu zwei Meter dicken Lössbodenschicht humusreiche Schwarzerde. Diese fruchtbaren Böden brachten bereits in der Steinzeit Menschen dazu, sich dort anzusiedeln und Getreide zu züchten. Auch der mittelalterliche Reichtum Magdeburgs wäre ohne das Bördegetreide nicht möglich gewesen.

14. Juni | Die KZ-Gedenkstätte Dachau | Bayern

In Dachau errichteten die Nationalsozialisten eines der ersten Konzentrationslager. Während des Dritten Reiches wurden hier über 30 000 Juden, Sinti, Roma sowie Geistliche und Oppositionelle ermordet; mehr als 200 000 Häftlinge waren bis zur Befreiung 1945 im Lager inhaftiert. Heute befindet sich auf dem Gelände eine KZ-Gedenkstätte. Neben den historischen Überresten erinnern ein Museum, ein internationales Mahnmal sowie eine jüdische, eine katholische und eine evangelische Sühnekapelle an dieses traurige Kapitel der Geschichte.

15. Juni | Ackerland bei Neetze | Niedersachsen

Bei Neetze bewässert ein Landwirt sein Feld. Das Ackerland liegt zwar unweit vom Urstromtal der Elbe, befindet sich aber auf der höher gelegenen Geestfläche, die durch leichte, sandige Böden und einen tiefen Grundwasserspiegel gekennzeichnet ist. Das kleine Wäldchen lässt einen Blick auf den natürlichen, nicht kultivierten Boden zu. Wenige Kilometer westlich folgen Lüneburg und die Heidelandschaft. Einen kleinklimatischen Kontrast bildet der unmittelbar östlich gelegene Naturpark Elbufer-Drawehn mit dem Staatsforst Göhrde. Er verfügt über ausreichende Bodenfeuchte.

16. Juni | Schloss Glücksburg | Schleswig-Holstein

Die Stadt Glücksburg liegt im nördlichsten Teil Deutschlands an der Ostseeküste direkt an der Flensburger Förde. Schloss Glücksburg hingegen steht an ruhigerem Gewässer – dem Schlossteich ein Stück landeinwärts. Es zählt zu den bedeutendsten Schlössern Nordeuropas und wurde zwischen 1582 und 1622 von Herzog Johann d. J. zu Schleswig-Holstein-Sonderburg errichtet. Im 19. Jh. galt es als die Wiege der europäischen Königshäuser. Damals residierte Christian IX. von Dänemark (1818–1906) auf Glücksburg, dessen Kinder nebst einem Enkel in die Königsfamilien von England, Schweden, Russland, Griechenland, Norwegen und Deutschland einheirateten.

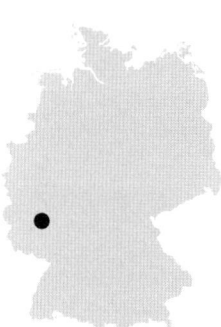

17. Juni | Burg Trifels | Rheinland-Pfalz

Der Pfälzer Wald erstreckt sich über einen von zahlreichen Tälern zerfurchten, bis zu 500 Meter hohen, mächtigen Block aus Buntsandstein. Sein östlicher Rand zum Oberrheingraben hin ist die Haardt. Auf einem schmalen Felsriff des Sonnenberges, über dem Queichtal und der Stadt Annweiler, thront die Burg Trifels. Im Hochmittelalter galt die Reichsburg Trifels als Eckpfeiler kaiserlicher Macht. Die deutschen Kaiser und Könige ließen hier im 12. und 13. Jahrhundert die Reichskleinodien verwahren. Zeitweise diente die Burg auch als Staatsgefängnis, u. a. für Richard Löwenherz. Aus der Glanzzeit der Burg um 1200 ist der Hauptturm mit kräftigen staufischen Buckelquadern und Kapellenerkern erhalten.

18. Juni | Schloss Charlottenburg | Berlin

1695 ließ Kurfürst Friedrich III. für seine Gemahlin, Kurfürstin Charlotte, abseits vom anstrengenden Zeremoniell im Berliner Stadtschloss ein kleines Sommerschloss errichten. In ruhiger Umgebung konnte die Kurfürstin dort mit ihrem Jugendfreund aus Hannover, Johann Gottfried Leibniz, über Wissenschaft und Philosophie plaudern. Ihr Mann hatte ganz anderes im Sinn: Er wollte den Prunk des Hofes Versailles nachahmen und seinen sächsischen Konkurrenten August den Starken ausstechen. Nachdem Friedrich sich 1701 selbst zum König gekrönt hatte, erweiterte er das Schloss um die Seitenflügel und einen Ehrenhof.

19. Juni | Dresden | Sachsen

Unter August dem Starken und dessen Sohn Friedrich August II. wurde Dresden zwischen 1694 und 1783 zu einer der schönsten barocken Residenzstädte. Zu dieser Zeit entstanden das Taschenbergpalais, die Hofkirche und der Zwinger. Das von dem Architekten Matthäus Daniel Pöppelmann und dem Bildhauer Balthasar Permoser gestaltete Meisterwerk des Barock diente zur Repräsentation: Der Zwinger war Schauplatz rauschender Feste, unter anderem der Hochzeit des Kurfürsten Friedrich August mit der Kaisertochter Maria Josepha, anlässlich derer man sich vier Wochen dort amüsierte. Neben dem Sandsteinbau liegt die von 1838 bis 1841 erstmals errichtete Sächsische Staatsoper, die nach ihrem Bauherrn volkstümlich Semperoper genannt wird.

20. Juni | Ein Rapsfeld bei Gunzenhausen | Bayern

Raps stellt keine besonderen Anforderungen an die Qualität des Bodens. Die Landwirte unterstützen das Wachstum des »Goldes des Nordens« mit kombiniertem Schwefel-Stickstoff-Dünger. In der Flussniederung der Altmühl zwischen Gunzenhausen und Treuchtlingen wächst der Raps auf Opalinuston, der aus Schieferton und Mergel besteht. Dieser Boden kann viel Wasser aufnehmen und neigt dann zum Rutschen. Um das Jahr 793 ließ er den Versuch Karls des Großen scheitern, einen Kanal zwischen Main und Donau zu graben. Immer wieder rutschten die ausgegrabenen Erdmassen zurück.

21. Juni | Die Wartburg | Thüringen

Die Wartburg soll der Sage nach im Jahre 1067 von Ludwig dem Springer gegründet worden sein. Sie spielte bald nicht nur als Wehrbau eine Rolle, sondern diente auch Regierungs- und Repräsentationszwecken. Historisch nicht belegt ist der Wettstreit zwischen sechs Minnesängern, unter ihnen Wolfram von Eschenbach, Heinrich von Ofterdingen und Walther von der Vogelweide. Auf der Wartburg buhlten sie angeblich um die Gunst ihres Gastgebers Hermann. Dieser »Sängerkrieg« ist Thema von Richard Wagners Oper *Tannhäuser*. Berühmtheit erlangte die Wartburg durch den Aufenthalt von Martin Luther im Winter 1521. Luther übersetzte dort das Neue Testament aus dem griechischen Urtext und machte es dadurch jedermann verständlich und zugänglich.

22. Juni | Die Burg Hohenzollern | Baden-Württemberg

Wie ein Dornröschenschloss thront die Burg Hohenzollern auf einem Kegelberg vor den Höhen der Schwäbischen Alb. Bereits in der ersten Hälfte des 11. Jhs. hatten die Grafen von Zollern, aus deren Geschlecht das Haus der Preußen erwuchs, hier ihre erste Burg erbaut. Die heutigen Gebäude entstanden im Geist der Burgenromantik Mitte des 19. Jhs. im neugotischen Stil. Friedrich Wilhelm IV., König von Preußen, weihte sie 1856 ein. Die Sarkophage von Friedrich Wilhelm I. und seinem Sohn Friedrich dem Großen standen zeitweise hier. Geblieben sind Kostbarkeiten aus dem preußischen Königshaus, wie die juwelenbesetzte Königskrone, der Marschallstab und wertvolles Porzellan.

23. Juni | Der Lausitzring | Brandenburg

Wo bis in die 1980er Jahre Braunkohle im Tagebau gefördert wurde, fahren seit dem Jahr 2000 Autos und Motorräder um die Wette. Der Euro-Speedway Lausitz ist Europas modernste und größte Rennstrecke und bietet neben Grand-Prix-Strecken für Automobile und Motorräder sowie einem Hochgeschwindigkeits-Ovalkurs auch den einzigen, zwei Meilen langen Superspeedway in Kontinentaleuropa. Um die Motorsportanlage harmonisch in die Landschaft einzubinden, pflanzte man 150 000 Sträucher und 1500 Bäume. Außerdem legte man einen elf Hektar großen Auenwald und eine sechs Hektar große Wiesenbrache an.

24. Juni | Das Volkswagen-Werk in Wolfsburg | Niedersachsen

Unweit der Stelle, wo man einst vom Wasserschloss Wolfsburg aus den Übergang über die Aller kontrollierte, wurde 1938 das Volkswagen-Werk gegründet. Mit ihm entstand aus zwei Dörfern die Stadt Wolfsburg. Das Werk liegt am Mittellandkanal, der direkt mit Elbe, Weser und Ems sowie über den Dortmund-Ems-Kanal mit dem Rhein verbunden ist. Anfang 1938 begann der Bau des von Ferdinand Porsche entwickelten Autos für jedermann. Der Volkswagen trat seine Erfolgsfahrt um die Welt an und stieg zum Kultfahrzeug auf. Mittlerweile unterhält der Volkswagen-Konzern in 18 Ländern 44 Produktionsstätten und beschäftigt weltweit fast 325 000 Menschen; in Deutschland bietet der Autohersteller rund 168 000 Arbeitsplätze.

Tag | 176

25. Juni | Die Villa Borg bei Perl | Saarland

In Borg bei Perl an der Mosel wird seit 1987 eine der größten römischen Villen im Saar-Mosel-Raum nicht nur ausgegraben, sondern auch nach neuesten wissenschaftlichen Erkenntnissen rekonstruiert. Der Gutshof nimmt eine Fläche von über 7,5 Hektar ein und besteht aus einem großzügigen Herrschaftsbereich und einem Hofareal mit Wirtschaftsbauten. Das Herrenhaus ist museal eingerichtet; in der Taverne kann man auf original römische Art schlemmen.

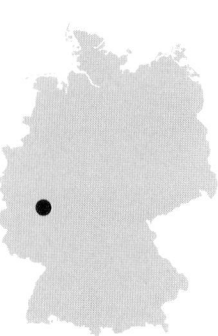

26. Juni | Der Laacher See | Rheinland-Pfalz

In der Voreifel prägte der Vulkanismus des Erdzeitalters Pleistozän vor rund zwei Millionen Jahren das Landschaftsbild mit den zahlreichen Maaren. Maare sind Explosionstrichter, die entstanden, als Magma aus dem Erdinneren durch das Rheinische Schiefergebirge aufstieg und mit dem Grundwasser in Kontakt kam. Der Laacher See ist das größte Eifelmaar. Der Bergring um ihn herum besteht zum Teil aus früheren Vulkanen; sein Rand liegt hundert bis 150 Meter höher als der Wasserspiegel.

Tag | **178**

27. Juni | Bamberg | Bayern

Bamberg ist wie Rom auf sieben Hügeln erbaut, wie Venedig von Wasserläufen durchzogen, und seine Altstadt ist so schön wie die von Prag, sagt der Volksmund. 1993 erklärte die Unesco den Stadtkern der Kaiser- und Bischofsstadt mit ihren über 2000 denkmalgeschützten Gebäuden zum Weltkulturerbe. Bamberg ist geprägt von mittelalterlicher und barocker Architektur. Vor der Jahrtausendwende war die Stadt Sitz der Babenberger, die ihr auch ihren Namen verliehen haben. Kaiser Heinrich II. und seine Frau Kunigunde begannen um das Jahr 1000 damit, den neu gegründeten Bischofssitz zur Hauptstadt auszubauen. Auf der Insel Geyerswörth, die der linke und der rechte Regnitzarm umfließen, fällt die Gartenanlage des Schlosses auf.

28. Juni | Der Walchensee | Bayern

Mit seinen 16,4 Quadratkilometern ist der Walchensee (802 Meter über dem Meeresspiegel gelegen) der größte und mit 192 Metern der tiefste deutsche Gebirgssee. Er ist einer der wenigen noch unberührten Seen in den Bayerischen Alpen und vollkommen frei von Schmutz und Lärm von Motorbooten. Seine Ufer sind überall zugänglich und so gut wie unverbaut, wodurch der See rundum begehbar ist. Naturbelassene Badestrände findet man vor allem im Süden und Osten. Hinter dem See liegt das Estergebirge mit dem schneebedeckten Krottenkopf (2086 Meter) und dem Aussichtsberg Herzogstand (rechts, 1731 Meter).

29. Juni | Rheinfelden | Baden-Württemberg

Zwischen dem Hotzenwald als Südausläufer des Schwarzwaldes und den Aargauer Bergen der Schweiz schlängelt sich der Hochrhein an Bad Säckingen vorbei nach Rheinfelden. Rund 150 Meter Höhenunterschied auf der kurzen Strecke vom Bodensee bis Rheinfelden bedeuten ein starkes Gefälle, das man für den Bau des ersten großen Flusskraftwerks in Europa ausnutzte. 1898 ging die Anlage in Betrieb, und chemische Großindustrie und eine Aluminiumhütte siedelten sich an. Begünstigt wurde diese Entwicklung dadurch, dass die Güterschifffahrt bis Rheinfelden möglich ist.

30. Juni | Fischland | Mecklenburg-Vorpommern

Fischland ist der westlichste Teil der Halbinsel Fischland-Darß-Zingst, die als schmale Landzunge die Ostsee vom Saaler, vom Bodstedter und vom Barther Bodden trennt. Noch vor einigen Jahrhunderten befand sich an der Stelle der Halbinsel eine Kette aus unverbundenen Inseln; durch Stürme und die Strömungen der Ostsee wuchsen sie jedoch zusammen. Zwischen Wustrow und Ahrenshoop liegt das Hohe Ufer. Das 18 Meter hohe Steilufer aus Geschiebemergel und Sand ist ein aktives Kliff. Jedes Jahr verliert es durch Meeresbrandung und Strömung einen halben Meter an Material, das bei Darß wieder angelandet wird.

1. Juli | Schloss Sanssouci in Potsdam | Brandenburg

Einen Traum erfüllte sich der Preußenkönig Friedrich der Große mit dem Schloss und der Parkanlage Sanssouci in Potsdam. Als Staatsmann, Poet, Flötenspieler und Philosoph in einer Person wollte er ein Leben ohne Sorge führen – *sans souci*. Nach Skizzen des Königs entwarf Georg Wenzeslaus von Knobelsdorff das Rokokoschloss, dessen Bau 1748 vollendet war. Sechs Weinbergterrassen und zahlreiche Putten flankieren beidseitig den Treppenaufgang, der vom Rondell der Großen Fontaine zu dem eingeschossigen Schloss mit der kupfernen Mittelkuppel hinaufführt.

2. Juli | Die Pfaueninsel | Berlin

König Friedrich Wilhelm II. ließ seiner Mätresse Wilhelmine Encke, spätere Gräfin Lichtenau, 1794 bis 1796 auf der Pfaueninsel in der Havel ein Lustschloss errichten. Wilhelmine Encke soll den im romantischen Ruinenstil gehaltenen Bau selbst skizziert haben. Spektakulär ist die Fassade mit den Türmen und einer eisernen Wandelbrücke. Auch Friedrich Wilhelm III. und seine Gemahlin Luise liebten das Schloss und nutzten es als Sommerresidenz. Der König siedelte auf der Insel seltene Tier- und Pflanzenarten an, darunter die Pfauen. Den Großteil der Tiere schenkte er später dem Zoologischen Garten Berlin. Doch noch heute findet man viele Pfauen auf der 1500 Meter langen und 500 Meter breiten Insel, weshalb sie auch »Pfauenwerder« genannt wird.

3. Juli | Die Baustelle Spreebogen | Berlin

Am 20. Juni 1991 beschloss der Deutsche Bundestag, die Regierung von Bonn nach Berlin zu verlegen. Als zentraler Standort der Neubauten wurde der Spreebogen in unmittelbarer Nachbarschaft des Reichstagsgebäudes bestimmt. In dem daraufhin ausgeschriebenen Wettbewerb setzten sich die Berliner Architekten Axel Schultes und Charlotte Frank mit ihrem Konzept »Band des Bundes« durch, das an zwei Stellen – mit der Kronprinzbrücke (links) und der Moltkebrücke – die Spree überbrückt und sinnbildlich Ost- und Westberlin verbinden soll. Zu dem Ensemble gehören auch der Parlamentsbau (links), der nach dem ehemaligen Reichstagspräsidenten Paul Löbe (1920–1924 und 1925–1932) benannt ist, sowie das Bundeskanzleramt.

4. Juli | Berlin Mitte | Berlin

Bis 1990 war der Potsdamer Platz ein von der Mauer durchschnittenes Niemandsland. Nach der Wiedervereinigung wurde er von 1993 bis 1998 zur größten Baustelle Europas. Namhafte Architekten wie Renzo Piano, Arata Isozaki und Helmut Jahn gestalteten moderne Bauten aus Stein, Stahl und Glas: Das Sony-Center, in das der unter Denkmalschutz stehende Kaisersaal des Grand Hotel Esplanade integriert ist, wird von einem Zeltdach aus Glas überdeckt. Ohne stützenden Mast scheint es über dem Raum zu schweben. Mit einer kugelförmigen Betonkuppel wartet das Imax-Kino in der City von DaimlerChrysler auf. Zu dem Ensemble gehört auch das 22-geschossige Debis-Haus. Nebenan befindet sich die Staatsbibliothek.

5. Juli | Der Botanische Garten | Berlin

Der Botanische Garten im Berliner Stadtteil Dahlem bildet eine der vielen grünen Inseln inmitten der Stadt mit ihren 3,4 Millionen Einwohnern. Über 22 000 Pflanzenarten wachsen in der Anlage, die der deutsche Botaniker Adolf Engler um das Jahr 1900 schuf. Die Pflanzen sind weitgehend nach geografischen Gesichtspunkten angeordnet. 16 Gewächshäuser bilden tropische und subtropische Klimazonen nach. Das Große Tropenhaus hat eine Länge von sechzig, eine Breite von dreißig und eine Höhe von 25 Metern und ist damit weltweit eines der größten Gewächshauser. Der Berliner Botanische Garten gehört zu den umfangreichsten und wissenschaftlich bedeutendsten der Erde.

6. Juli | Der Tiergarten | Berlin

Der größte Innenstadtpark Berlins ist der Tiergarten. Ihn durchschneidet die Straße des 17. Juni, die Teil einer insgesamt zwölf Kilometer langen Achse ist. An dieser Straße erinnert das Sowjetische Ehrenmal an die im Kampf um Berlin gefallenen Sowjetsoldaten. Das Denkmal der Sowjetarmee wurde 1945 aus dem Marmor und Granit der ehemaligen Neuen Reichskanzlei geschaffen und auf Westberliner Boden nahe dem Brandenburger Tor errichtet. Symbolhaft für seine Kameraden steht ein in Bronze gegossener Soldat der Roten Armee in Feldausrüstung mit aufgepflanztem Bajonett auf dem Ehrenmal. Die Anlage fungiert als Mahnmal und Gefallenenfriedhof.

7. Juli | Der Wannsee | Berlin

Der Wannsee ist ein Relikt der Eiszeit, als mehr als tausend Meter dicke Eisschichten von Skandinavien kommend in diese Region vordrangen und die heutige Landschaft mit ihren unzähligen Seen und Wasserläufen prägten. Die Havel bildete einen See aus, der als Berliner Ausflugsziel par excellence gilt. Streng genommen setzt sich das Gewässer beim Stadtteil Wannsee, einem der ältesten Siedlungsgebiete Berlins, aus mehreren kleinen, zusammenhängenden Seen zusammen: dem Kleinen und dem Großen Wannsee, dem Pohlesee, dem Stölpchensee, dem Prinz-Friedrich-Leopold-Kanal und dem Griebnitzsee.

8. Juli | Das Pumpspeicherwerk Hohenwarte II | Thüringen

Das Pumpspeicherwerk Hohenwarte II erzeugt zu Spitzenverbrauchszeiten elektrischen Strom. Über Rohrleitungen treibt das 293 Meter herabfallende Wasser im Turbinenhaus die Generatoren an, die eine Leistung von 320 Megawatt bringen. Nachts, wenn im Netz überschüssiger Strom vorhanden ist, pumpt man Wasser aus dem Ausgleichsbecken nach oben. Um bis zu 14 Meter kann der Wasserspiegel des Stausees dadurch schwanken. Das Pumpspeicherwerk Hohenwarte II entstand von 1956 bis 1963 im Tal der oberen Saale bei Saalfeld.

9. Juli | Bremerhaven | Bremen

Das Deutsche Schifffahrtsmuseum in Bremerhaven zählt zu den bedeutendsten weltweit. Es ist an jener Stelle eingerichtet, wo 1830 der ursprüngliche Bremer Hafen eröffnet wurde und das erste Schiff – ein amerikanischer Frachtensegler – einlief. Das Museum verdankt seine Entstehung der Entdeckung und der darauf folgenden Restaurierung der Bremer Hansekogge, die sich in einem Sturm im Jahre 1380 von einer Werft losgerissen hatte und an der Unterweser versunken war. Das Koggehaus, in dem Archäologen das Schiff aus 2000 Teilen wieder zusammenbauten, wurde zur Keimzelle des großen Schifffahrtsmuseums.

10. Juli | Der Seehafen von Rostock | Mecklenburg-Vorpommern

Der Seehafen von Rostock liegt am rechten Warnowufer einige Kilometer meerwärts von der Stadt entfernt. Dort erweitert sich die Unterwarnow zum Bodden namens Breitling. Nur eine schmale Passage bleibt für die Linienfährschiffe nach Dänemark, Norwegen, Schweden, Finnland und Lettland. Auf über 9000 Meter Kailänge stehen 43 Schiffsliegeplätze zur Verfügung. Rund 22 Millionen Tonnen Güter schlägt der Hafen jährlich um, unter anderem Getreide, Düngemittel, Kohle und Erz. Der erweiterte Ölhafen hat eine technische Kapazität von 18 Millionen Tonnen Flüssiggütern pro Jahr. Rostock ist eine der bedeutendsten Hafenstädte an der Ostsee und die wichtigste Wirtschaftsregion in Mecklenburg-Vorpommern.

11. Juli | Rostock | Mecklenburg-Vorpommern

Gegenüber dem Seehafen von Rostock liegt am linken Ufer der Unterwarnow die Plattenbausiedlung Groß Klein. Dahinter befindet sich mit Lichtenhagen eine weitere Trabantenstadt. Beide sind Stadtteile von Rostock, der mit 200 000 Einwohnern größten Stadt von Mecklenburg-Vorpommern. Am Meer entlang erstreckt sich der Sandstrand von Warnemünde, einem der meistbesuchten Seebäder der Ostsee.

12. Juli | Bergbaufolgelandschaft bei Fürstlich Drehna | Brandenburg

Am östlichen Rand des Naturparks Niederlausitzer Landrücken zwischen Luckau und Calau erstreckt sich das riesige Gebiet des ehemaligen Braunkohletagebaus Schlabendorf-Süd, Schlabendorf-Nord und Seese-West. Grundwasser füllt die ausgebaggerten Mulden. Regen erodiert den weichen Abraum. Die Heinz-Sielmann-Stiftung kaufte fast 2700 Hektar dieser Bergbaufolgelandschaft und sichert damit die Weiterentwicklung der Landschaft unter naturschutzfachlichen Gesichtspunkten.

13. Juli | Hohenroth | Bayern

Das Straßendorf Hohenroth bei Bad Neustadt an der Saale war früher grundherrschaftlicher Besitz der Adelsfamilien von Lebenhan-Rothenkolben und Ebersberg. Ab dem 17. Jh. überließ das Hochstift Würzburg der Gemeinde gegen eine jährliche Zinsleistung den Dorfweiher, in dem Karpfen gezüchtet wurden. Im Sommer ist der Teich mit Schwimmfarn bedeckt. Der Wind treibt die unzähligen Einzelpflänzchen der Art *Salvinia natans* zusammen.

14. Juli | Ingolstadt | Bayern

In der Altstadt von Ingolstadt, innerhalb eines mittelalterlichen Mauerrings, stehen die Häuser in Giebelstellung zur Straße und geben so ein Zeugnis altbayerischen Städtebaus. Ingolstadt hat in seiner Geschichte vier bedeutende Phasen erlebt. Von 1392 bis 1447 war die Stadt Zentrum eines bayerischen Teilherzogtums. Vom 15. bis zum 18. Jh. war sie Universitätsstadt. Berühmte Gelehrte ließen sich hier nieder, unter anderem der Mathematiker Peter Apian und der Luther-Gegner Dr. Johannes Eck. Nach 1800 diente Ingolstadt als größte Garnisonsstadt Bayerns. Die industrielle Phase begann in den 1960er Jahren mit mehreren Raffinerien und dem Automobilwerk von Audi.

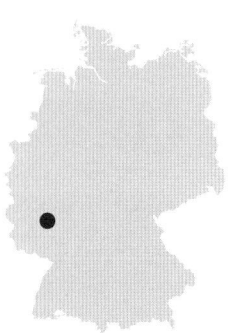

15. Juli | Der Pfälzer Wald | Rheinland-Pfalz

Der Pfälzer Wald wurde 1958 unter Landschaftsschutz gestellt. Man richtete einen Naturpark ein, der in Deutschland lange Zeit der größte seiner Art war. Im November 1992 wurde das Gebiet von der Unesco als Biosphärenreservat anerkannt. Gemeinsam mit dem sich anschließenden französischen Biosphärenreservat Nordvogesen bildet es einen großen Lebensraum für Wildpflanzen und -tiere. Bewusst wahrten Umweltverbände, Wandervereine und Politiker die Balance zwischen Naturschutz und Erholung. Der Pfälzer Wald entstand, als die Erosion den vor 225 Millionen Jahren gebildeten Buntsandstein stark veränderte und ein Gebirge mit einem bewegten, wenngleich nicht schroffen Relief schuf. Die Gipfel sind zwischen 400 und 600 Metern hoch.

16. Juli | Felder bei Roding | Bayern

Der Fluss Regen entsteht aus den Quellflüssen Weißer Regen und Schwarzer Regen, die sich im Bayerischen Wald vereinigen. Bei Roding weitet sich sein Tal und bietet Platz für die landwirtschaftliche Nutzung. Hemmnisse für mehr als durchschnittliche Erträge sind das Klima und der Boden: Die Vegetationsperiode ist verhältnismäßig kurz; der Untergrund aus Braunerde und Pseudogley weist oft Staunässe auf, was für den Ackerbau vor allem im Frühjahr problematisch ist.

17. Juli | Blumenanbau bei Aschaffenburg | Bayern

Man könnte vermuten, diese Aufnahme sei in Holland entstanden. Aber auch bei Aschaffenburg am bayerischen Untermain werden Blumen in großem Stil angebaut. Das günstige Klima des Rhein-Main-Gebietes macht es möglich.

18. Juli | Ackerland bei Alsfeld | Hessen

Im hessischen Hügelland nördlich des Vogelsbergs zwischen Alsfeld und Schlitz liegen noch weite Wiesenflächen. Üblicherweise können hier drei Grasernten pro Jahr eingefahren werden. Das Gras dient hauptsächlich als Futtermittel für Wiederkäuer wie Kühe, Schafe und Ziegen. In jüngster Zeit diskutiert man über eine weitere Nutzungsmöglichkeit: Die »Graskraft« könnte zu einer neuen alternativen Energieform werden.

19. Juli | Bei Northeim | Niedersachsen

Hinter dieser Botschaft steht die KWS Saat AG in Einbeck. Das Unternehmen ist seit dem Jahr 1856 im Bereich der Pflanzenzüchtung und -forschung tätig; beim Zuckerrübensaatgut ist es sogar Weltmarktführer. Umweltschutz und verantwortlicher Umgang mit den natürlichen Ressourcen werden groß geschrieben. Die KWS hat zum Beispiel Sorten entwickelt, die gegen Schädlinge resistent sind, so dass weniger Pflanzenschutzmittel eingesetzt werden müssen. Auch Öko-Saatgut vertreibt das Unternehmen seit einigen Jahren.

20. Juli | Das Kalibergwerk bei Zielitz | Sachsen-Anhalt

Seit 1973 gewinnt die Kali & Salz Gruppe in einem Bergwerk bei Zielitz nördlich von Magdeburg Kalisalz. Es dient hauptsächlich der Produktion von Düngemitteln, die weltweit eingesetzt werden. Im Jahr 1995 eröffnete das Unternehmen zusätzlich die Untertage-Deponie (UTD) Zielitz. Die Hohlräume, die durch die Ausbeutung im Berg entstehen, werden als Deponie für besondere Abfälle genutzt. Dazu gehören unter anderem cyanid- und quecksilberhaltige Abfälle, Filterstäube aus der Aluminiumschmelze oder verunreinigter Boden. 600 000 Tonnen pro Jahr können in der Untertagedeponie in 400 Meter Tiefe gelagert werden.

21. Juli | Die Reußenköge | Schleswig-Holstein

Im Marschland der Reußenköge ist ein Windpark errichtet worden, dessen Einzelanlagen eine Leistung von knapp zwei Megawatt Strom bringen, wobei ihre Effizienz weiter verbessert wird. Inzwischen erbringt die Windenergie in diesem Gebiet einen bedeutenden Beitrag zur Erzeugung umweltfreundlicher Energie. Aber sie hat auch Nachteile: Herrscht Flaute, gibt es keinen Strom, fegt ein Orkan übers Land, auch nicht, weil die Windräder sicherheitshalber abgeschaltet werden müssen. In Küstennähe, wie hier in Nordfriesland, ist die Stromproduktion durch Windparks besser kalkulierbar als im Binnenland.

22. Juli | Holzwickede | Nordrhein-Westfalen

Im Zentrum von Holzwickede am Marktplatz stehen die evangelische Kirche von 1907 und das Rathaus von 1915. Die Kleinstadt mit 17 600 Einwohnern liegt in der Ballungsrandzone des östlichen Ruhrgebiets zwischen Dortmund und Unna. Eine erste bedeutende Siedlungsentwicklung leitete der Kohleabbau ein. Die 1854 gegründete Zeche »Caroline« trug wesentlich zur Industrialisierung des ehemaligen Bauerndorfs bei. Die Kohleförderung wurde im Jahr 1951 eingestellt. Durch die Erschließung von Gewerbe- und Industrieflächen in den vergangenen Jahrzehnten wählten auch Unternehmen der Lebensmittel-, Kaufhaus- und Bekleidungsbranche sowie des Anlagenbaus ihren Standort in Holzwickede.

23. Juli | Das Wasserschloss Groß Leuthen | Brandenburg

Seine Ursprünge hat das bei Lübben im Spreewald gelegene Wasserschloss Groß Leuthen im Mittelalter. Wilhelm Schenk von Landsberg ließ es um 1550 zu einer zweigeschossigen Dreiflügelanlage mit Schweifgiebeln an den Hofseiten umbauen. 1913/14 erweiterte es Johann Abraham von Wülfing um den Ostflügel, die vorgelagerte Terrasse und den Wohnturm. Ab 1946 war das Schloss Kinderheim und Jugendwerkhof. Seit 1992 ist es im Besitz der Stiftung Großes Waisenhaus zu Potsdam.

24. Juli | Schloss Seehof bei Bamberg | Bayern

Nachdem sich Franken von den Schrecken des Dreißigjährigen Krieges erholt hatte, drängte es die Fürsten wieder hinaus aus den sommerheißen Residenzstädten aufs Land. Der Bamberger Fürstbischof Marquard Sebastian Schenk von Stauffenberg ließ ab 1686 östlich von Bamberg zwischen Wäldern und Karpfenteichen das Schloss Seehof anlegen. Der Baumeister Antonio Petrini entwarf ein quadratisches Gebäude mit Innenhof und vier markanten Ecktürmen. Den Park belebt eine Brunnenanlage mit Wasserspielen. In den Orangerien rechts und links des Haupteingangs ließen spätere Fürstbischöfe gelegentlich Theater spielen. Heute sind Teile des bayerischen Landesamtes für Denkmalschutz in Schloss Seehof untergebracht.

25. Juli | Die Raststätte Illertal | Baden-Württemberg

Die Autobahnraststätte Illertal-Ost an der A 7 zwischen Memmingen und Ulm ist ein Gesamtkunstwerk. Die erste Raststätte dieser Art in Deutschland wurde von dem österreichischen Architekten, Künstler und Autodidakten Herbert Maierhofer geplant und gestaltet. 1997 wurde die Anlage, in der sich außen und innen fantasievolle Formen finden, eingeweiht. Ein prägnantes Gestaltungselement sind die zwölf Tierkreiszeichen, die vor der Raststätte im Halbkreis aufgestellt sind.

26. Juli | Das Kloster St. Blasien | Baden-Württemberg

Nachdem 1768 ein Feuer die Kirche des Benediktinerklosters St. Blasien im Südschwarzwald vernichtet hatte, gab Fürstabt Martin Gerbert II. als Ersatz eine Kombination aus Klosterkirche und Mausoleum in Auftrag. So entstanden die Pläne für die erste klassizistische Rotunde in Deutschland. 1783 weihte man das Bauwerk ein, doch knapp hundert Jahre später brannte es erneut nieder. Erst 1910 ließen die Mönche die Kuppel – diesmal aus Stahlbeton – erneuern; 1983 war die Restaurierung abgeschlossen. Die Ursprünge der Klostersiedlung St. Blasien im Tal des Rheinzuflusses Alb gehen auf das 9. Jh. zurück.

27. Juli | Ratzeburg | Schleswig-Holstein

Die Inselstadt Ratzeburg verdankt ihren Namen dem Polabenfürsten Ratibor, genannt Ratse. Von der mittelalterlichen Stadt, die 1062 erstmals urkundlich erwähnt wurde, blieben nach einem kriegerischen Überfall der Dänen im Jahre 1693 lediglich der Dom, die Petri-Kirche und fünf Häuser erhalten. Der Ratzeburger See, durch einen Verbindungsdamm vom Küchensee getrennt, ist die Trainingsstätte des berühmten Ratzeburger Ruder-Achters. Beide Seen liegen in einer Schmelzwasserrinne aus der letzten Eiszeit.

28. Juli | Der Chiemsee | Bayern

Der Chiemsee ist eines der beliebtesten Segelreviere Deutschlands. Grundsätzlich ist Segeln eine umweltschonende Freizeitbeschäftigung. Geräusche entstehen nur beim Ab- und Anlegen mit Motorhilfe. Verantwortungsvolle Segler verursachen keinen Schmutz, der ins Wasser gelangen könnte. Eine Umweltbelastung stellen allerdings chemische Antialgenmittel dar, die auf den Bootsrumpf aufgetragen werden. Umweltschutzverbände kritisieren, dass Segelsportler oft zu nahe ans Ufer fahren und brütende Vögel aufscheuchen.

29. Juli | Die Fürwiggetalsperre | Nordrhein-Westfalen

Die Fürwiggetalsperre sammelt Wasser, das am Kamm des Ebbegebirges zwischen Rothenstein (600 Meter über dem Meeresspiegel) und Kahlem Kopf (539 Meter) abregnet. Der Bach Verse leitet das Wasser in die wenige Kilometer unterhalb gelegene Versetalsperre weiter. Der Ruhrtalsperrenverein hatte um 1900 zunächst vier Stauseen zur besseren Versorgung des Ruhrgebiets geplant. Als erstes Objekt entstand von 1902 bis 1904 am kleinen Bachlauf Fürwigge der zunächst »Obere Versetalsperre« genannte See. Die Staumauer errichtete man als Bruchsteinmauer mit einer Höhe von 29 Metern und einer Kronenlänge von 166 Metern. Sie staut ein Volumen von 1,7 Millionen Kubikmetern. Wassersport ist auf der Fürwiggetalsperre nicht erlaubt.

30. Juli | Eine Nehrung bei Damp | Schleswig-Holstein

Entlang der Eckernförder Bucht, hinein in die Kieler Bucht bis zur Schlei-Mündung bei Kappeln, reiht sich ein Campingplatz an den anderen. Dieser Abschnitt der Ostsee ist durch einen 25 Kilometer langen, durchgehenden Sandstrand gekennzeichnet. Entstanden ist die Nehrung durch Sandvertriftung: Eine stetige küstenparallele Strömung und schräg zum Strand wehende Winde verursachten Sedimentablagerungen und die Bildung von schmalen Halbinseln. Die so genannten Strandseen – wie etwa der Schwansener See am Schubystrand bei Damp – gingen aus einer von der Nehrung nach und nach abgetrennten ehemaligen Meeresbucht hervor, welche sich mit Süßwasser füllte.

31. Juli | Burghausen | Bayern

Liebhaber von Burghausen nennen die tausend Jahre alte Stadt auch »Salzburg von Ostbayern«. Tatsächlich ist Österreich nicht weit – ein paar Schritte jenseits der Salzachbrücke befindet sich der Grenzort Ach. Den Burghausener Kirchplatz mit der barocken Pfarrkirche St. Jakob schmücken Häuser in typischer Innstadtbauweise. Auf dem schmalen Bergrücken erstreckt sich die mit 1100 Metern Ausdehnung längste Burg Deutschlands. Die sechsgliedrige Wehranlage diente als Zweitresidenz, Festung und Schatzkammer der Herzöge von Bayern-Landshut. Der Wöhrsee hinter dem Bergrücken war früher eine Schlinge der Salzach; heute besteht keine Verbindung mehr.

1. August | Schloss Moritzburg | Sachsen

Das Jagdhaus, das Herzog Moritz um 1545 auf einer Granitkuppe in der Sumpfniederung des Friedewaldes bei Dresden bauen ließ, erweiterten seine Nachfolger allmählich zum prachtvollen Jagdschloss. Der heutige, im typisch sächsischen Barockstil errichtete Bau entstand unter August dem Starken von 1723 bis 1736. In dem vierzig Hektar großen Waldpark ließen kurfürstliche und königliche Hoheiten ihrer Jagdleidenschaft freien Lauf. Den groß angelegten Hatzen folgten rauschende Feste.

2. August | Eine Schafweide bei Schlüchtern | Hessen

Rund 2,5 Millionen Schafe leben in Deutschland. Sie helfen mit bei der Erhaltung von Kulturlandschaften. Schafe fressen außer Gras und Kräutern auch die jungen Sprosse von Bäumen und Büschen, so dass diese eingehen. Auf diese Weise wird das typische Landschaftsbild der Rhön mit ihren freien Wiesenflächen bewahrt. Im Sommer halten sich die Tiere Tag und Nacht im Freien auf. In bis zu 400 Meter Höhe können Schafe ohne Stall überwintern, ausgenommen Muttertiere, die zu dieser Zeit werfen.

3. August | Brand | Brandenburg

Die Cargo-Lifter AG hatte eine kühne Geschäftsidee: Auf dem Gelände des ehemaligen russischen Luftwaffenstützpunkts Brand sollten Zeppeline gefertigt werden, die schneller als Schiffe und preiswerter als Flugzeuge Frachten von bis zu 160 Tonnen Gewicht transportieren können. Um die geplanten, 260 Meter langen, 65 Meter breiten und 120 Stundenkilometer schnellen Cargo-Lifter zu produzieren, errichtete man die größte freitragende Halle der Welt. Allerdings gingen die Cargo-Lifter AG und ihre Tochtergesellschaften im Mai 2002 in Konkurs – mit Gläubiger-Ansprüchen von 120 Millionen Euro. Ein malaysisches Konsortium will nun in der Halle das Tropenparadies »Tropical Island« aufbauen.

4. August | Der Ochsenfurter Gau | Bayern

Der Ochsenfurter Gau in Unterfranken ist eine äußerst fruchtbare Agrarlandschaft. Aus dem Alpenvorland dorthin verwehter Gesteinsstaub lagerte sich vor etwa 10 000 Jahren, zu Beginn unserer Warmzeit, in mehrere Meter hohen Lössschichten ab und bildete mancherorts sogar Dünen aus. Aufgrund seiner guten Wasserspeicherfähigkeit ist Löss für den Ackerbau sehr geeignet. Die meisten Landwirte betreiben eine Dreifelderwirtschaft und wechseln jährlich zwischen Zuckerrüben, Weizen und Leguminosen. Von Hand errichtete Strohböcke sind mit zunehmender Mechanisierung der Landwirtschaft selten geworden.

5. August | Schlepzig | Brandenburg

Die Fachwerkkirche des 640-Einwohner-Dorfes Schlepzig stammt aus dem Jahre 1782. Der Ort im Herzen des Unterspreewaldes wurde am 8. August 1004 erstmals urkundlich erwähnt, als Heinrich II. ihn dem Kloster zu Nienburg schenkte. Eine Siedlung gab es dort aber vermutlich schon viel früher: Um das Jahr 600 ließen sich die Wenden in den von den Germanen verlassenen Wohnbereichen nieder. 350 Jahre später nahmen die Germanen die Gebiete wieder in Besitz. Der Name des Ortes zeugt von seiner Vergangenheit: Er stammt aus dem Wendischen. *Sloupisti* bedeutet »Pfahl« – die ersten Behausungen wurden auf Pfählen errichtet.

6. August | Die Festung Königstein | Sachsen

Im Jahr 1241 wurde die Burg Königstein im Elbsandsteingebirge erstmals als Grenzbefestigung der böhmischen Könige urkundlich erwähnt. Bis zum Ende des 19. Jhs. erweiterten die jeweiligen Herrscher die Festung und passten sie den militärischen Anforderungen an. Aufgrund ihrer unüberwindbaren Mauern und des weiten Sichtfelds ist die Burg nie erobert worden. Sie hatte viele Funktionen: Sie diente dem Dresdner Hof als Zufluchtstätte, nahm die Staatsschätze auf und war sächsisches Staatsgefängnis. Unter Kurfürst August dem Starken war hier von 1706 bis 1707 Johann Friedrich Böttger eingekerkert, um Gold herzustellen. Stattdessen gelang ihm die Erzeugung des weißen Porzellans, woraufhin in Meißen eine Porzellanfabrik gegründet wurde.

7. August | Die Willibaldsburg in Eichstätt | Bayern

Eine Schleife der Altmühl bildete den Jurafelssporn, auf dem die 1353 von Bischof Berthold von Zollern errichtete Willibaldsburg liegt. Dort residierten vom 14. bis zum 18. Jh. die Bischöfe von Eichstätt. Heute sind in der Burg das Museum für Ur- und Frühgeschichte und das Jura-Museum, das ein Skelett des Urvogels Archaeopteryx besitzt, untergebracht. Seine religiöse Prägung verdankt Eichstätt dem Angelsachsen Willibald. Er wurde 741 von Bonifatius zum Bischof geweiht und gründete in »Eihstat« ein Benediktinerkloster. Auch der erste Dom entstand auf seine Initiative hin. Er wurde die Mutterkirche eines Bistums, das fränkisches, schwäbisches und bayerisches Volkstum umfasste.

8. August | Der Chiemsee | Bayern

Von Gstadt und Prien aus fahren Schiffe im Linienverkehr zur Herreninsel mit dem Königsschloss Ludwigs II. und zur Fraueninsel mit dem Benediktinerinnenkloster Frauenwörth. Die dazwischen liegende Krautinsel – mit 3,5 Hektar die kleinste Insel im Chiemsee – ist unbewohnt und dient ausschließlich landwirtschaftlichen Zwecken. Ihren Namen hat sie von den früher dort befindlichen Gemüse- und Kräutergärten der Nonnen. Die Wiesen dienen auch heute noch als Viehweide. Im Herbst werden die Tiere zu den Dörfern am Ufer des Chiemsees zurückgebracht.

9. August | Die Insel Reichenau | Baden-Württemberg

Obst, Gemüse und Sonderkulturen brauchen neben dem richtigen Boden auch das passende Klima. Die Insel Reichenau im Bodensee bietet den Pflanzen und den Landwirten davon reichlich. Diese günstigen Voraussetzungen mögen dazu beigetragen haben, dass der westgotische Wanderbischof Pirmin auf der im Untersee gelegenen Insel im Jahr 724 ein Kloster gründete. Es folgten eine Gelehrtenschule und eine Bibliothek; Schriftkünstler machten die Insel zum Zentrum der deutschen Buchmalerei. Doch Reichenau war nicht nur eine Stätte geistigen Schaffens, sondern die Äbte nahmen auch politischen Einfluss. Abt Hatto I. lenkte als Erzkanzler von Kaiser Arnulf an der Wende zum 10. Jh. die Geschicke des Reiches.

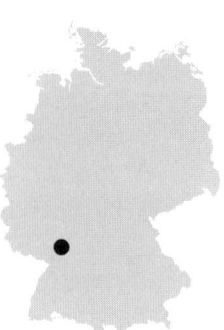

10. August | Die Maulbeeraue | Hessen

Zwischen dem begradigten Rhein und der Flussschlinge Maulbeerauer Altrhein liegt die Maulbeeraue. Nur eine kleine Brücke führt über den fast verlandeten Altwasserarm und auf die fünf Kilometer lange Insel. Sie liegt schräg gegenüber von Worms auf der hessischen Seite des Rheins bei Biblis. Ihr Name rührt daher, dass die pfälzischen Kurfürsten im 18. Jh. in großer Zahl Maulbeerbäume anpflanzen ließen, was dank des vorteilhaften Klimas am Oberrhein möglich war. Die Blätter der Bäume dienten als Futter für Seidenraupen, die von den weltlichen und geistlichen Herrschern gezüchtet wurden. Wer es sich leisten konnte, betrieb eine eigene Seidenmanufaktur.

11. August | Der Kaiserstuhl | Baden-Württemberg

Der Kaiserstuhl in der oberrheinischen Tiefebene bei Freiburg ist ein klimatischer Glücksfall. Die geringe Höhe des vulkanischen Gebirges (bis zu 557 Meter) und seine geschützte Lage im Lee der Vogesen bewirken eine lange Vegetationsperiode mit äußerst warmen Sommern. Dieses fast mediterrane Klima sowie der fruchtbare Lössboden bieten ideale Voraussetzungen für den Weinbau. Aus den blauen Trauben vermögen die Winzer zwei unterschiedliche Weine zu gewinnen: Spätburgunder und Weißherbst. Für Spätburgunder belässt man die Traubenschalen beim Gären in der Maische, damit die roten Farbstoffe in den Traubensaft gelangen; für Weißherbst presst man den Saft aus den Trauben und vergärt ihn ohne die Schalen.

12. August | Der Nationalpark Unteres Odertal | Brandenburg

Bevor die Oder sich in das Stettiner Haff ergießt, verliert sie so sehr an Fließgeschwindigkeit, dass sie sich in ihrem Urstromtal fast ohne Gefälle weit verzweigt und immer wieder die etwa drei Kilometer breite Aue überschwemmt. Als Grenzfluss zu Polen blieb sie unreguliert und bildete auf über sechzig Kilometer Länge eine artenreiche Auenlandschaft aus, die in einem deutsch-polnischen Projekt geschützt ist. Im 1995 eröffneten Nationalpark Unteres Odertal brüten mehr als 120 Vogelarten, darunter See-, Fisch- und Schreiadler sowie Weiß- und die seltenen Schwarzstörche und die vom Aussterben bedrohten Seggenrohrsänger und Wachtelkönige.

13. August | Wasserburg | Bayern

Seit dem 12. Jh. kontrollierten die Hallgrafen bei Wasserburg einen Inn-Übergang der Salzhandelsstraße von Reichenhall nach München. Hallgraf Engelbert III. ließ dort eine »Burg am Wasser« errichten. Die Fischersiedlung auf einer schmalen, langen Landzunge entwickelte sich als Folge davon zur Stadt. Ältester Kirchenbau ist heute die 1324 urkundlich erwähnte Frauenkirche. Im 17. und 18. Jh. schifften sich die bayerischen Kurfürsten in Wasserburg ein, wenn sie mit großem Pomp und einer stolzen Flotte flussabwärts zu einer Wallfahrt nach Altötting aufbrachen. Kurfürst Ferdinand Maria benötigte 1673 neben seinem Leibschiff auch eine Trompetenplätte, eine Guardiplätte (ein Wachschiff) sowie ein Beichtvater- und ein Küchenschiff.

14. August | Brunsbüttel | Schleswig-Holstein

Brunsbüttel an der Elbmündung ist vor allem als Schleusenhafen des Nord-Ostsee-Kanals bekannt. Die 95 Kilometer lange Wasserstraße durch Schleswig-Holstein erspart Schiffen den Weg um Skagen und verkürzt die Strecke von der Nord- zur Ostsee um rund 460 Kilometer. Das spart nicht nur Zeit, sondern auch Geld und Treibstoff. Seinen Ursprung hat der Kanalbau in den militärischen Überlegungen des späten Preußenstaates. Man wollte geheim und ungehindert Flottenteile zwischen den beiden Seegebieten Nord- und Ostsee verschieben. Die Arbeiten wurden 1887 begonnen und bereits 1895 vollendet. Als erstes Schiff durchfuhr die »Hohenzollern« mit Kaiser Wilhelm II. die neue Wasserstraße.

15. August | Felder bei Annaberg | Sachsen

Im Naturpark Erzgebirge–Vogtland darf bestehende Landwirtschaft weiterbetrieben werden. Die große Nähe zur unberührten Natur hat für die Bauern jedoch gewisse Nachteile. Bei Annaberg schützte ein Landwirt seine Felder vor zu starkem Eintrag von Unkrautsamen, indem er an den Ackerrändern entlangfuhr und durch das Spritzen von Unkrautvernichtungsmitteln eine Barriere anlegte.

16. August | Der Münchner Flughafen | Bayern

Der neue Münchner Flughafen hat sich seit seiner Inbetriebnahme 1992 zum zweitgrößten Airport von Deutschland entwickelt. Die Zahl der Passagiere hat sich in den letzten zehn Jahren fast verdoppelt. 2002 wurden 23,2 Millionen Fluggäste und 144 398 Tonnen Fracht transportiert; 344 400 Starts und Landungen wurden registriert. Mit dem 2003 eröffneten Terminal 2 wurden die Kapazitäten nochmals erweitert; zudem will man sich durch die kürzesten Umsteigezeiten profilieren. Skeptiker hatten davor gewarnt, das Nachfolgeprojekt für den zu klein gewordenen Flughafen München Riem im Erdinger Moos zu planen. Als Gründe führten sie Belastungen wie Fluglärm und die Störung des Ökosystems an. Für die Wirtschaft ist der Flughafen jedoch von Vorteil.

17. August | Der Nürburgring | Rheinland-Pfalz

Seit seiner Einweihung 1927 hat sich der Nürburgring zu einer der bedeutendsten Rennstrecken der Welt entwickelt. Er besteht aus zwei Rundkursen: der Nordschleife und dem 1984 neu gebauten, 4,5 Kilometer langen Grand-Prix-Kurs. Rudolf Carracciola nannte das Kurvengeschlängel rund um die Nürburg seinerzeit »eine bärig schwere Strecke«. Jackie Stewart taufte die Nordschleife ehrfurchtsvoll »die grüne Hölle«. Auch andere Sport-Idole wie Manfred von Brauchitsch, Hermann Lang, Juan Manuel Fangio oder Graf Berghe von Trips schrieben hier mit ihren tollkühnen Fahrten Geschichte. Neben den Motorsportveranstaltungen baut die Nürburgring GmbH mit einem Freizeitpark und einer Mountainbike-Strecke die Touristik aus.

18. August | Bei Gorleben | Niedersachsen

Betreiber von Kernkraftwerken betrachten tiefe Bergwerke, die dauerhaft verschlossen werden, als idealen Ort für die Endlagerung von radioaktiven Abfällen. Im niedersächsischen Landkreis Lüchow-Dannenberg liegt zwei Kilometer südlich der Elbe das Erkundungsbergwerk Gorleben. Dort befindet sich ein drei Kilometer tiefer Salzstock, der von 1979 bis 2000 auf seine Eignung als Endlager für alle Arten radioaktiver Abfälle untersucht wurde. In der Nähe hat man auf einer Halde rund 600 000 Tonnen Salz aus dem Bergwerk deponiert. 300 Meter entfernt werden im Transportbehälterlager Gorleben bereits bestrahlte Brennelemente zwischengelagert. Gorleben ist seit Jahren Schauplatz von Protestaktionen der Kernkraftgegner.

19. August | Das Autobahnkreuz Schönefeld | Brandenburg

Die helle Autobahn ist die von Dresden kommende A 13, die nach dem Schönefelder Kreuz als A 113 nach Berlin weiterführt. Sie kreuzt sich hier mit der A 10, die vom Ruhrgebiet über Hannover nach Frankfurt an der Oder verläuft. Trotz der teuren Kraftfahrzeug- und Mineralölsteuern beschreiben Prognosen einen ständig wachsenden Verkehrsstrom, vor allem auf den West-Ost-Linien. Erfolgt keine andere Verteilung der Verkehrslasten, wird auch das Autobahnkreuz Schönefeld bei Königs Wusterhausen eines Tages überfordert sein.

20. August | Das Legoland Deutschland bei Günzburg | Bayern

Der Freizeitmarkt zählt in Deutschland zu den dynamischsten Wirtschaftszweigen – trotz wirtschaftlicher Rezession sind hier stetige Zuwächse zu verzeichnen. Der jährliche Gesamtumsatz der Freizeitindustrie wird auf rund 250 Milliarden Euro geschätzt. Die Vielfalt der Wünsche begünstigt die Gründung von Freizeitparks. 52 solcher Erlebniswelten locken in Deutschland Jahr für Jahr mehr als zwanzig Millionen Besucher an. Nach marktstrategischen Gesichtspunkten werden sie in die Landschaft gebaut. Das Legoland bei Günzburg setzt vor allem auf den Autofahrer als Besucher: Ein Parkplatz für 4000 Personenwagen entstand ebenso auf der grünen Wiese wie der Freizeitpark selbst.

21. August | Fehnkultur bei Papenburg | Niedersachsen

Die in Holland stark verbreitete Fehnkultur gibt es in Deutschland nur im Emsland. Dietrich von Velen, Drost des Emslandes, kaufte 1630 das Lehngut Papenburg samt Zubehör für 1500 Reichstaler von Friedrich von Schwarzenberg, um in dem umgebenden Moor eine Fehnkolonie anzulegen. Bei der »Verfehnung« wird ein System von Kanälen geschaffen, um die Entwässerung des Moores zu bewirken. Danach wird die obere Torfschicht (Bunkerde) zunächst beiseite geräumt, um den darunter liegenden, als Brennstoff begehrten Schwarztorf abbauen zu können. Die Bunkerde wird nun in den freiliegenden Sandboden eingearbeitet, was einen fruchtbaren Ackerboden ergibt.

22. August | Der Elbe-Havel-Kanal | Brandenburg

Der Elbe-Havel-Kanal entstand durch den Ausbau des Plauer Kanals und des Ihlekanals. Bereits 1743 bis 1745 ließ der Preußenkönig Friedrich II. den Plauer Kanal im Rahmen eines Trockenlegungsprojekts zur Landgewinnung anlegen. Im Anschluss daran wurde in den Jahren 1865 bis 1872 der Ihlekanal gebaut, der den Plauer Kanal verlängert und bei Niegripp mit einer Schleuse in die Elbe mündet. Heute gibt es in Deutschland insgesamt 7500 Kilometer schiffbare Flüsse und Kanäle, auf denen ein Viertel des Güterverkehrs abgewickelt wird.

23. August | Kaub | Rheinland-Pfalz

Der rechtsrheinische Ort Kaub ist bekannt für seinen Weinbau und für die Rheinüberquerung Blüchers. In der Neujahrsnacht 1813/14 ließ der preußische Feldmarschall an dieser Stelle eine Pontonbrücke bauen, über die er mit 60 000 Soldaten, 20 000 Pferden und 220 Geschützen zog, um Napoleon zu verfolgen. Aus Kaub stammten außerdem die ortskundigen Lotsen, die fremden Schiffern halfen, das schwierige Fahrwasser des Mittelrheins zu bewältigen. Zur Sicherung des Rheinzolls ließ der spätere Kaiser Ludwig der Bayer 1326 auf der Insel Falkenau die Wasserburg Pfalzgrafenstein bauen, die im Volksmund »Pfalz bei Kaub« genannt wird.

24. August | Kloster Weltenburg | Bayern

Bei Weltenburg hat sich die Donau fünf Kilometer durch den Fränkischen Jura geschnitten und das gewaltigste Durchbruchtal Deutschlands geschaffen. Bis zu hundert Meter ragen die Felsen senkrecht empor. In dieser naturbelassenen Landschaft wachsen selten gewordene Pflanzen. Viele Karsthöhlen öffnen sich zur Donau hin. Schon in der Bronzezeit war der Flussabschnitt bewohnt. Die Kelten bauten hier eine Burg, auf deren Überresten die Römer ein kleines Grenzkastell und dazu einen der Minerva geweihten Tempel errichteten. Diesen soll der heilige Rupert gemäß einer Legende in eine Marienkirche umgewandelt haben. Schließlich gründeten Wandermönche das älteste Kloster Bayerns, das ab dem 8. Jh. von Benediktinern bewohnt war.

25. August | Der Große Arber | Bayern

Der Große Arber, der sich mitsamt der Waldungen bis Bayerisch Eisenstein im Besitz des Fürstenhauses Hohenzollern befindet, ist mit 1456 Metern der höchste Berg des Bayerischen Waldes. Schon 1939, lange bevor man an einen Nationalpark dachte, wurden weite Teile des Gebietes mit seiner besonderen Tier- und Pflanzenwelt unter Schutz gestellt, um sie in ihrer Einmaligkeit zu erhalten: die Rißloch-Wasserfälle, verschiedene Moore und die eiszeitlichen Seen, wie der Große Arbersee. Die Wiesenhänge, die von dem waldfreien Gipfel hinabführen, dienen im Winter als Skipisten. Seit 1975/76 finden dort sogar Weltcup- und Europacup-Rennen statt, die sich aus einem Slalom-Rennen deutsch-tschechischer Sportfreunde entwickelten.

26. August | Die Wallfahrtskirche Vierzehnheiligen | Bayern

Der Legende nach erschienen im Jahre 1445 in der Nähe des Klosters Langheim dem Klosterschäfer Hermann Leicht die 14 Nothelfer. An dieser Stelle errichtete man wenig später eine kleine Kapelle und gründete eine Nothelferbruderschaft sowie die Propstei Vierzehnheiligen. 300 Jahre danach erkannten Abt Stephan Mösinger von Kloster Langheim und Friedrich Karl von Schönborn, Fürstbischof von Bamberg, wie lukrativ ein Wallfahrtsort sein kann, und wollten eine repräsentative Basilika erbauen. Jeder der beiden Bauherren hatte seinen Architekten mit einem je eigenen Entwurf: Gottfried Heinrich Krohne und Balthasar Neumann. Der Kompromiss lautete: Krohne übernimmt die Bauleitung nach dem Bauplan von Neumann.

27. August | Die Eider | Schleswig-Holstein

Die Eider entspringt auf Gut Schönhagen im Bothkamper See. Statt den kurzen Weg zur Ostsee zu wählen, schlägt sie einen Haken und windet sich wild quer durch die schleswig-holsteinische Halbinsel zur Nordsee. Die zahlreichen Richtungswechsel im Oberlauf verdankt die Eider der letzten Eiszeit, die eine unruhige Landschaft hinterlassen hat. Auch nach diesem Labyrinth fließt sie in markanten Schlingen weiter, die im Unterlauf andere Ursachen haben: das geringe Gefälle und die flussaufwärts drückenden Gezeitenwellen. Sturmfluten können nicht mehr in die Eider drängen, seit 1973 das 4,8 Kilometer breite Eidersperrwerk die Tiedeeider von der Nordsee trennt.

28. August | Die Saarschleife bei Mettlach | Saarland

Wo sich Deutschland, Frankreich und Luxemburg ganz nahe sind, bescheibt die Saar eine markante Schleife. In ferner Zukunft könnte sie den Bergrücken zwischen Merzig und Mettlach durchstoßen und einen kürzeren Weg zur Mosel fließen. Das Ergebnis wäre ein lang gestreckter Umlaufberg.

29. August | Heidelberg | Baden-Württemberg

Vom Odenwald zum Rhein fließt der Neckar durch die Pforte zwischen dem Heiligenberg und dem Königstuhl. Auf dem Kleinen Geisberg errichteten die Wormser Bischöfe Ende des 11. Jhs. eine erste Befestigungsanlage, unter deren Schutz Heidelberg im 12. Jh. wachsen konnte. Als Kurfürst Ruprecht I. 1386 die Universität gründete, war für die Zukunft der Stadt gesorgt. Der Universitätsplatz liegt rechts der langen Hauptstraße, die zum Marktplatz mit dem weißen Rathaus und der Heiliggeistkirche führt. Diese Kirche, die spätgotische und barocke Elemente vereint, war von 1706 bis 1936 durch eine Scheidewand in eine katholische und eine protestantische Abteilung unterteilt.

30. August | Der Müritz-Nationalpark | Mecklenburg-Vorpommern

Zwischen Neustrelitz und dem Müritzsee erstreckt sich der 1990 gegründete Müritz-Nationalpark. In der Vergangenheit wurde die Landschaft unter anderem für militärische Zwecke und für die Jagd genutzt – und dadurch stark zerstört. Heute darf sich die innere Schutzzone des Nationalparks zur ursprünglichen Wildnis entwickeln, indem die natürliche Regenerationsfähigkeit des Ökosystems genutzt wird. Hier gilt: Betreten verboten. In den äußeren Bereichen gibt es 500 Kilometer Wanderwege. Alljährlich landen in dem Feuchtgebiet mit Seen, ausgedehnten Mooren, Wäldern, Wiesen und Weiden riesige Zugvögelschwärme. Einige der seltensten Großvögel wie Kraniche, Wanderfalken, Fisch- und Seeadler brüten hier noch.

31. August | Bei Iphofen | Bayern

Die fränkische Stadt Iphofen liegt am Fuß des Schwanbergs, wo der Steigerwald ins Maintal übergeht. Der Untergrund besteht aus Gipskeuper, der für die Region eine große wirtschaftliche Bedeutung hat: Im Tage- und Untertagebau wird Gips gewonnen und vor Ort weiterverarbeitet. Auch für den traditionellen Weinbau ist der Keuperboden förderlich: Gerade in trockenen Jahren erweist er sich als Qualitätsvorteil, denn er ist mineralstoffreich und speichert Wasser und Wärme.

1. September | Hohenhameln | Niedersachsen

Auf dem hochwertigen Boden der Hildesheimer Börde bei Hohenhameln werden hauptsächlich Weizen und Zuckerrüben angebaut. Die früher häufig ausgeübte Praxis des Strohverbrennens ist heute aus Umweltschutzgründen und zur Vermeidung von Unfällen nur noch in Ausnahmefällen und unter hohen Sicherheitsvorkehrungen erlaubt. Das Stroh, das nach der Getreideernte übrig bleibt, wird aber nur in kleinen Mengen als Einstreu bei der Tierhaltung gebraucht und gilt daher als Abfall. In der Pflanzenforschung züchtete man deshalb immer kürzere Getreidehalme, so dass sich die Strohmengen erheblich verkleinerten. In jüngster Zeit hat der frühere Abfall jedoch wieder an Bedeutung gewonnen: als Energie sparender Brennstoff zum Heizen.

2. September | Würzburg | Bayern

Die Ursprünge der Bischofs- und Universitätsstadt Würzburg liegen auf dem Burgberg: Er trägt die Festung Marienberg, das Wahrzeichen der 125 000 Einwohner zählenden Stadt. Eine keltische Fliehburg bot den Menschen an dieser Stelle bereits um 1000 v. Chr. Schutz. Im Jahr 704 wurde Würzburg als »Castellum Wirciburg« erstmals urkundlich erwähnt. Zwei Jahre später gründete man auf dem Marienberg die erste Kirche. Der König schenkte sie 742 dem neuen Bistum von Würzburg mit dem ersten Bischof Burkard. Vom 12. Jh. bis zur Auflösung des Hochstifts durch die Säkularisation 1802 herrschten die Fürstbischöfe als kirchliche und weltliche Regenten.

3. September | Heißluftballons bei Lippstadt | Nordrhein-Westfalen

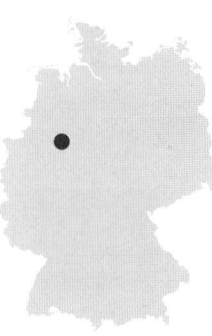

Wer Deutschland von oben betrachten will, wird bei einer Fahrt im Heißluftballon vieles entdecken. Der neue Blickwinkel eröffnet ungewohnte Perspektiven auf Obstbäume in Reih und Glied und auf die Gleichförmigkeit von Ackerfurchen wie hier im Städtedreieck Lippstadt, Rheda-Wiedenbrück und Paderborn. Der Bund für Umwelt und Naturschutz Deutschland empfiehlt eine Mindestflughöhe von 450 Metern, damit weidende Haustiere und Wildtiere nicht erschreckt werden.

4. September | Die Göltzschtalbrücke | Sachsen

Die Göltzschtalbrücke im sächsischen Vogtland ist auch nach über 150 Jahren dem modernen Eisenbahnverkehr auf der Strecke von Plauen nach Zwickau gewachsen. Das 1846 bis 1851 nach Plänen des Ingenieurs Johann Andreas Schubert errichtete Bauwerk wurde wegen seiner Dimensionen auch als achtes Weltwunder bezeichnet: Die Brücke ist 78 Meter hoch, 574 Meter lang und hat vier Stockwerke. Sie ist aus 26 Millionen Ziegelsteinen errichtet und damit der weltweit größte Bau dieser Art. Alljährlich wird sie von zahlreichen Eisenbahnfreunden besucht.

5. September | Kloster Banz | Bayern

Mit Blick auf das oberfränkische Maintal erhebt sich das Kloster Banz auf einem Ausläufer der Haßberge. Das Gebäude fungierte im Laufe seiner über tausendjährigen, bewegten Geschichte als Burg, Benediktinerkloster, Schloss der Wittelsbacher und schließlich wieder als Kloster. Seit 1978 dient es der Hanns-Seidel-Stiftung als Bildungszentrum. Eine Blütezeit der Wissenschaft erlebte das Kloster im 18. Jh. unter Abt Gregor Stumm. Er ließ ein Münzkabinett, eine Naturaliensammlung und eine hervorragend ausgestattete Bibliothek einrichten. Zudem musste jeder, der ins Kloster eintreten wollte, einen siebenjährigen Kurs in den Bereichen Philosophie, Theologie sowie kanonischem und weltlichem Recht absolvieren.

6. September | Der Kochelsee | Bayern

Der Kochelsee ist im Lauf der Jahrhunderte stark verlandet. Stadt und Kloster Benediktbeuern standen im frühen Mittelalter an seinem Ufer; heute befinden sich sieben Kilometer zum Teil trockengelegte Moorlandschaft dazwischen. Dieser Prozess schreitet weiter fort. Als Verbindung zu dem 200 Meter höher gelegenen Walchensee ließ der Münchner Heinrich Barth 1492 die erste Kesselbergstraße bauen. Die Schönheit des Zwei-Seen-Lands inspirierte Anfang des 20. Jhs. zahlreiche Künstler. Franz Marc und die Maler des »Blauen Reiters« fanden in der Gegend Motive für heute weltbekannte Werke.

7. September | Der Pingelhof in Alt Damerow | Mecklenburg-Vorpommern

Der Pingelhof in Alt Damerow zählt zu den ältesten und schönsten bäuerlichen Anlagen in Mecklenburg. Bis 1984 war der original erhaltene Hof aus dem 17. Jh. in Familienbesitz, danach wurde die Gemeinde Domsühl Eigentümer. Sie ließ Rekonstruktionsarbeiten durchführen und machte den Hof 1989 als agrarhistorisches Freilichtmuseum der Öffentlichkeit zugänglich. Es versetzt Besucher zurück in alte Zeiten bäuerlichen Lebens: In den Wohn- und Stallgebäuden sind früher verwendete Geräte zum Ackerbau, zur Tierhaltung und für das tägliche Leben ausgestellt. Im original erhaltenen Backofen backen Fachleute bei Veranstaltungen auf traditionelle Weise Brot.

8. September | Der Landschaftspark von Schloss Branitz | Brandenburg

Die Pyramide im See des Landschaftsparks von Schloss Branitz birgt in einer Gruft die Begräbnisstätte von Hermann Fürst von Pückler-Muskau und seiner Gemahlin. Zu Lebzeiten war der Adelige eine der schillerndsten Figuren des 19. Jhs.: Weltenbummler, angesehener Reiseschriftsteller und berühmter Gartenkünstler, der Parkanlagen schuf, die ihn ständig in Geldnöte brachten. Auch der zwei Kilometer vom Cottbuser Stadtzentrum entfernte Branitzer Landschaftspark mit seinen Gräben, Teichen und Pyramiden ist ein Werk des Fürsten. Bekannter wurde dieser aber durch die dreilagige Sahneeisschöpfung eines Konditors, die seinen Namen trägt – das Fürst-Pückler-Eis.

9. September | Ein Baggersee bei Bamberg | Bayern

Entlang des Mains reihen sich zahllose Sandgruben aneinander, die nach dem Ende ihrer Ausbeutung metertief voll Grundwasser laufen. Zwischen Bamberg und Schweinfurt, bei Trunstadt und Knetzgau, entstanden auf diese Weise großflächige Seen. An dem ausgebaggerten Sand erkannten Geologen und Paläontologen einen Wechsel der Fließrichtung. Da der Sand immer von Gesteinen stammen muss, die im Flusslauf oberhalb der Fundstelle liegen, verriet der Gesteinsabrieb Überraschendes, aber Eindeutiges: Hier bei Trunstadt floss der Main einst von Schweinfurt kommend in Richtung Bamberg, dann die Regnitz »aufwärts«, in etwa der Linie des heutigen Main-Donau-Kanals folgend, durch das Altmühltal in die Donau.

10. September | Felder bei Xanten | Nordrhein-Westfalen

In den breiten Niederterrassen des Rheins im Abschnitt Kempen–Krefeld bis Goch–Kleve–Emmerich hat auf fruchtbaren Böden die Landwirtschaft Raum. Als die Römer 15 n. Chr. etwas südlich des heutigen Xanten auf dem Fürstenberg ihr Castra Vetera gründeten, hatten sie sicherlich in erster Linie strategische Motive, doch dürfte eine zuverlässige Lebensmittelversorgung ebenfalls nicht unwichtig gewesen sein. Von Xanten aus zog Varus mit drei Legionen zur Schlacht im Teutoburger Wald. Der Archäologische Park Xanten auf dem Areal der ehemaligen Römersiedlung Colonia Ulpia Traiana hält die Geschichte der Römer am Niederrhein lebendig.

11. September | Die Kaiser-Wilhelm-Gedächtniskirche | Berlin

Die am Kurfürstendamm gelegene Kaiser-Wilhelm-Gedächtniskirche ist eines der Wahrzeichen Berlins und Kriegsmahnmal zugleich. 1943 fiel sie einem Bombenangriff zum Opfer. Plänen, den alten Turmstumpf abzureißen und stattdessen eine neue Kirche zu errichten, erteilten die Berliner Bürger eine Absage. Die Ruine wurde deshalb in den Neubau integriert. Der Architekt Egon Eiermann ließ von 1959 bis 1961 das Ensemble mit dem blau verglasten Oktogon und dem sechseckigen Turm erbauen. Dazwischen liegt die 63 Meter hohe Turmruine, so dass ein starker Kontrast zwischen Moderne und Historie entsteht. Die frühere neoromanische Kirche war 1891 bis 1895 zu Ehren Kaiser Wilhelms I. nach Entwürfen von Franz Schwechten erbaut worden.

12. September | Das Brandenburger Tor | Berlin

Als Deutschland noch geteilt war, konnte man das Brandenburger Tor von Westen her überhaupt nicht erreichen – und von Osten her war es nur für Sicherheitskräfte zugänglich. Seit dem Mauerbau am 13. August 1961 symbolisierte es die Zweiteilung der Stadt. Wenige Wochen nach dem Fall der Mauer, am 22. Dezember 1989, zelebrierten die Berliner die Wiedereröffnung nach 28 Jahren. Am 3. Oktober 1990 gab es hier ein großes Volksfest zur Feier der Wiedervereinigung Deutschlands. Hinter dem Brandenburger Tor beginnt die Prachtstraße Unter den Linden.

13. September | Das Brandenburger Tor | Berlin

Der klassizistische Sandsteinbau entstand auf Anordnung von Friedrich Wilhelm II. in den Jahren 1788 bis 1791 nach Entwürfen von Carl Gotthard Langhans, der sich stark an den Propyläen der Akropolis orientierte. Die Quadriga von Johann Gottfried Schadow führte der Potsdamer Kupferschmied Emanuel Jury aus. Seine Nichte stand Modell für die weibliche Figur, die zunächst die griechische Friedensgöttin Eirene darstellte. Nach der Völkerschlacht bei Leipzig ließ der König sie mit Eisernem Kreuz, Eichenkranz und preußischem Adler ausstatten und in Viktoria umbenennen. Das Mitteltor war für die Hofequipagen der königlichen Familie reserviert, die vier Seitentore konnte der öffentliche Verkehr passieren.

14. September | Rothenburg | Bayern

Rothenburg gilt als die schönste und meistbesuchte mittelalterliche Stadt in Deutschland. Sie blieb wahrscheinlich deswegen so gut erhalten, weil sie abseits der großen Straßen und Bahnlinien lag. Hier mussten keine Mauern abgetragen werden, um Bauland für eine wachsende Zahl an Einwohnern oder die Industrie zu erschließen. Den größten Schaden fügte der Stadt am Karsamstag 1945 ein alliiertes Bombergeschwader zu, das mit Brand- und Sprengbomben über 300 Häuser und das Rathaus in Schutt und Asche legte. Im Südwesten, jenseits des Taubertals, erstreckt sich die Hohenloher Ebene.

15. September | Äcker bei Grafenrheinfeld | Bayern

Südlich der Industriestadt Schweinfurt erstreckt sich fränkisches Ackerland. Die Felder bei Grafenrheinfeld gehören nicht mehr der Gäulandschaft an, sondern sind den Flussterrassen des Mains zuzuordnen. Früher waren manche Äcker wegen des Erbrechts, das den Besitz jeweils auf alle Söhne einer Familie verteilte, in handtuchschmale Streifen gestückelt. Und selbst nach der Flurbereinigung in den 1970er Jahren blieben vielfach kleine Flächen übrig. Ursprünglich herrschte in Mainfranken Wald vor, doch die ersten Siedler rodeten die Bäume auf den ertragreichen Lösslehm- und Mergelböden. Heute ist nur noch ein Fünftel der Fläche mit Buchen, Eichen und Kiefern bestanden.

16. September | Schloss Augustusburg | Sachsen

Auf dem Schellenberg, einem weithin sichtbaren, 516 Meter hohen Quarz-Porphyr-Kegel über dem Tal der Zschopau, ließ der sächsische Kurfürst August I. von 1568 bis 1572 das Jagd- und Lustschloss Augustusburg errichten. Das Bauwerk hatte eine wechselvolle Geschichte: Als der Dresdner Hof ab 1611 das Interesse an dem Schloss verlor, wurde es Sitz der Forstverwaltung, im 18. Jh. diente es als Haftanstalt und unter den Nationalsozialisten als Konzentrationslager und Gauführerschule. Von 1799 bis 1809 wurde die Burg außerdem im klassizistischen Stil renoviert. Heute beherbergt sie unter anderem ein Kutschen- und ein Motorradmuseum sowie das Museum für Jagdtier- und Vogelhaltung.

17. September | Die frühere DDR-Grenzanlage | Thüringen

1378 Kilometer lang war die innerdeutsche Grenzanlage, die vom Fichtelgebirge über den Thüringer Wald, die Rhön und den Harz bis hinauf zur Lübecker Bucht Ost- und Westdeutschland teilte. Bereits am 26. Mai 1952 wurde die Grenze mittels Stacheldraht und einer 500 Meter breiten Schutzzone abgeriegelt. Nach der Fertigstellung der Berliner Mauer am 13. August 1961 baute man die Grenzanlagen weiter aus: Tretminen, Hundelaufanlagen, geladene Zäune und ab 1970 Selbstschussanlagen machten den »Antifaschistischen Schutzwall« zu einem nahezu unüberwindlichen Hindernis. Bis 1989 kamen Hunderte von »Republikflüchtigen« dort zu Tode. Einigen gelang mit raffinierten Fluchtfahrzeugen allen Barrieren zum Trotz der Grenzübertritt.

18. September | Heißluftballons bei Volkach | Bayern

Beim Massenstart von den Mainwiesen bei Volkach erleuchten die Gasflammen die Ballonhüllen von innen. Einige der Luftfahrzeuge sind noch fest vertäut, damit sie nicht vorzeitig abheben, andere steigen bereits in die Höhe. Zum Abend hin herrschen in der Atmosphäre günstigere Bedingungen für den Ballonflug. Vor allem die Thermik mit ihren oft heftigen, manchmal turbulenten aufwärts gerichteten Luftströmungen lässt nach. Von den vielen Möglichkeiten des Fliegens ist das Fahren mit einem Heißluftballon eine der umweltverträglichsten.

19. September | Die Holledau | Bayern

In der Hallertau – auch Holledau genannt – wird seit tausend Jahren Hopfen kultiviert. Das größte Edelhopfenanbaugebiet der Erde zwischen Freising, Abensberg und Rottenburg liegt überwiegend in Niederbayern. Die Landwirte ziehen das Doldengewächs an Drähten, die zwischen hohen Gerüststangen verspannt sind, mehrere Meter in die Höhe. Früher erntete man per Hand, heute übernehmen Hopfenpflückmaschinen diese Arbeit. Die Pflanze stellt hohe Ansprüche an die Nährstoffe im Boden, weswegen sie kräftig gedüngt werden muss. Da unter anderem Kupferverbindungen eingesetzt werden, sind die Hopfenfelder nach einer etwa 15-jährigen Nutzungszeit mehrere Jahre lang für einen anderen Anbau nicht zu gebrauchen.

20. September | Kloster Ettal | Bayern

Sogar aus der Distanz beeindruckt die Barockkuppel der Kirche St. Maria von Kloster Ettal, das Ludwig der Bayer (1281–1347) gründete. Er wurde König, als er seinen Vetter, den Habsburger Friedrich den Schönen, in einer Schlacht besiegte. Der Papst in Avignon, der die Entscheidung über die Thronfolge im Reich für sich beanspruchte, bannte und exkommunizierte Ludwig. Nach geschickter Politik und Versöhnung mit Friedrich ließ sich Ludwig 1328 in Rom zum ersten Wittelsbacher Kaiser krönen. Auf dem Rückweg schenkte ihm in Pisa ein Mönch eine Marienstatuette. Ludwig gelobte, nach seiner Heimkehr ein Kloster zu gründen. Er nannte es Ettal, was sich von »Ehe-Tal« ableitet: dem Bündnis des Kaisers mit Gott und der Jungfrau Maria.

21. September | Das Weinbaugebiet am Main | Bayern

Seit mindestens 1200 Jahren bauen die Menschen in Mainfranken Wein an. Hier beleuchtet die Herbstsonne den flach gewölbten Rosenberg zwischen Nordheim und Sommerach. Die steileren und mehr südöstlich ausgerichteten Lagen sind schon im Schatten. Das Anbaugebiet Franken zählt mit 6300 Hektar Rebfläche zu den kleinen in Deutschland, ist aber für seine qualitätvollen Weine bekannt. Die Lagen tragen zum Teil amüsante Namen: Sommeracher Katzenkopf, Nordheimer Vögelein, Escherndorfer Lump, Obereisenheimer Höll. Im September und Oktober ist die Zeit der Weinlese; auf den braunen Feldern sticht man im Mai und Juni Spargel.

22. September | Das Stadtzentrum von Hamburg

Hamburg ist mit 1,7 Millionen Einwohnern die zweitgrößte Stadt Deutschlands. Ihr Ursprung geht auf eine karolingische Burg aus dem 9. Jh. zurück. Basis für den Aufschwung soll der – bei Historikern umstrittene – Freibrief von Kaiser Friedrich Barbarossa vom 7. Mai 1189 gewesen sein, der Zollfreiheit für Handel und Schifffahrt verlieh. 1321 trat Hamburg der Hanse bei. Das heutige Stadtzentrum liegt zwischen der Speicherstadt mit ihren hundert Jahre alten denkmalgeschützten Lagerhäusern aus Backstein und der Binnen- und Außenalster. Vom Zollkanal aus führt das Nikolaifleet in einem Bogen zur Turmruine der Kirche St. Nikolai, die als Kriegsmahnmal 147 Meter hoch aufragt.

23. September | Die Neuendorfer Bülten | Mecklenburg-Vorpommern

Die Inselgruppe Neuendorfer Bülten liegt von der Ostsee abgeschirmt im Saaler Bodden. Sie gehört zu dem 1990 gegründeten Nationalpark Vorpommersche Boddenlandschaft. In Vorpommern liegt der längste unbebaute Abschnitt der deutschen Ostseeküste. Der Küstenstreifen wurde früher eingeschränkt als Erholungsgebiet genutzt und dann teilweise zum militärischen Sperrgebiet erklärt. Jetzt darf sich der Naturraum mit seinen typischen flachen Strandseen wieder ungestört entwickeln. Auf den Neuendorfer Bülten wachsen charakteristische Pflanzenarten wie Meersenf, Salzmiere, Besenheide und Boddenbinse. Der Große Brachvogel ist eine der ornithologischen Raritäten auf den Inseln des Nationalparks.

24. September | Die Flugausstellung in Hermeskeil | Rheinland-Pfalz

105 Originalflugzeuge sind in der Flugausstellung L. + P. Junior in Hermeskeil im Hunsrück zu sehen. Die Sammlung auf dem 76 000 Quadratmeter großen Freigelände schließt zivile und militärische Maschinen westlicher und östlicher Herkunft ein; auch den Anfängen der Luftfahrt wird mit dem Lilienthal-Gleiter ein Denkmal gesetzt. Außerdem ist unter anderem die Super Constellation der Lufthansa zu bewundern, mit der Konrad Adenauer 1955 nach Moskau flog. In den vier Hallen werden technische Komponenten, darunter über sechzig Flugmotoren sowie Schleudersitze und Stahltriebwerke, gezeigt. Kaffee und Kuchen bekommt man in einer Concorde.

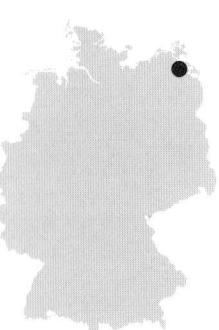

25. September | Wolgast | Mecklenburg-Vorpommern

Die Peenewerft Wolgast GmbH baut bis 2006 eine Serie von Containerschiffen. 1200 Standardcontainer von je etwa sechs Meter Länge passen auf jedes Hochseeschiff. Einzelne Bauteile fertigt man in einer Halle vor; der Zusammenbau erfolgt in einem Trockendock im Freien. Anschließend lässt man das Schiff zu Wasser und führt am parallelen Endausrüstungskai die Endmontage durch. Zur Zeit der DDR stellte die Werft Kriegs- und Spezialschiffe her. Reparaturen an Kriegs- und Handelsschiffen gehören heute ebenfalls zu den Aufträgen.

26. September | Burg Herzberg | Hessen

Eingebettet in eine hügelige Mittelgebirgslandschaft liegt die Burg Herzberg, Hessens größte Höhenburg, auf einem 508 m hohen Basaltkegel zwischen Vogelsberg und Knüll. Die in ihren Ursprüngen im 13. Jahrhundert begründete Burg erfuhr ab 1472 eine großzügige Erweiterung. Diese machte sie zu einer der stärksten Landesfestungen. Vergeblich wurde sie im 14. Jahrhundert durch die Fürstäbte von Fulda, während des Dreißigjährigen Krieges durch die Feldherren Tilly und Isolani und im Siebenjährigen Krieg durch die Franzosen belagert. Noch heute präsentiert sich die Burganlage wehrhaft und eindrucksvoll. Seit 1477 ist sie ununterbrochen im Besitz der Familie von Dörnberg.

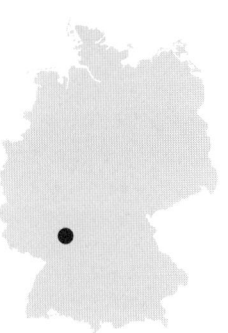

27. September | Wertheim | Baden-Württemberg

Die Altstadt von Wertheim liegt auf dem Wörth, der dreieckigen Landzunge zwischen dem Main und der einmündenden Tauber. Zu Beginn des 12. Jhs. ließen die Grafen von Wertheim dort eine Burg errichten, in deren Schutz sich die planmäßig angelegte Kaufmanns- und Handwerkersiedlung entwickelte, die 1306 Stadtrecht erhielt. Im Westfälischen Frieden von 1648 wurde bestimmt, dass die evangelische Linie Löwenstein-Wertheim-Freudenberg und die 1611 abgesplitterte katholische Linie Löwenstein-Wertheim-Rosenberg gemeinschaftlich zu regieren hätten. Um Reibereien zu entgehen, nahmen die Freudenberger ihren Sitz in Kreuzwertheim, die Rosenberger in Kleinheubach.

28. September | Ein Grasfeld bei Beelitz | Brandenburg

Zwei Landwirte in Wittbrietzen bei Beelitz versorgen ihre Milchkühe mit frischem Ackergras, das sie auf einem runden Areal anbauen. Ihre Wassersprenganlage, die bei jedem Einsatz fünf Liter Wasser pro Quadratmeter verteilt, deckt eine Fläche von 670 Meter Durchmesser ab. Die beachtliche Menge Flüssigkeit für die über 33 Hektar Grünland fördert eine Pumpe, die mit preiswertem Nachtstrom betrieben wird, aus einem eigenen Grundwasserbrunnen. Zu DDR-Zeiten waren in Brandenburg etwa zwanzig solcher Wassersprenganlagen aus russischer Produktion in Betrieb.

29. September | Die Donau bei Straubing | Bayern

2850 Kilometer lang ist der Lauf der Donau von der Quelle im Schwarzwald bis zum Schwarzen Meer. Zwischen Regensburg und Passau hat der zweitgrößte Fluss Europas Platz zum Mäandern. Den ausgeprägten Flussschlingen droht die Begradigung. Zugunsten der Berufsschifffahrt sollen auch im letzten frei fließenden Stück der Donau Kurven geglättet und Staustufen gebaut werden, um Engpässe in der europäischen Wasserstraße, die von der Nordsee bis zum Schwarzen Meer führt, zu beseitigen. Naturschutzorganisationen wehren sich vehement dagegen: Sie befürchten im Falle einer Verbauung nicht nur einen dramatischen Artenschwund, sondern auch folgenschwere Hochwasser.

30. September | Der Schlossgarten in Schwetzingen | Baden-Württemberg

Nach dem Vorbild von Versailles ließ Kurfürst Carl Theodor im 18. Jh. bei seinem Schloss Schwetzingen eine Gartenanlage errichten. Sie besteht aus zwei Teilen: dem symmetrisch angelegten französischen Barockgarten mit dem Arions-Brunnen im Zentrum und dem englischen Landschaftsgarten, der sich im Bereich des Weihers mit seinen geschwungenen Kanälen befindet. Zum Areal gehören auch ein Rokokotheater, eine Moschee, kleine Tempel, ein Badehaus und ein römisches Wasserkastell. Übles widerfuhr Carl Theodor bei einem Morgenspaziergang im Jahre 1774: Diebe waren in den von allen Seiten offenen Schlossgarten eingedrungen, überfielen den Kurfürsten und raubten ihn aus.

1. Oktober | Wismar | Mecklenburg-Vorpommern

Wismar ging aus einer kurz vor 1200 gegründeten Siedlung an der Handelsstraße von Lübeck ins Baltikum hervor. Das Stadtrecht kam 1229, und 1358 trat man der Hanse bei. Heute ist Wismar eine moderne Industrie- und Handelsstadt. Wenn die Einwohner scherzhaft Südschweden genannt werden, liegt das daran, dass Wismar im Westfälischen Frieden gemeinsam mit der vorgelagerten Insel Poel in schwedischen Besitz übergeben wurde. 1803 verpfändete Schweden die Stadt und die Insel für hundert Jahre an den Herzog von Mecklenburg-Schwerin. Da das Pfand nicht eingelöst wurde, kehrten Wismar und Poel 1903 endgültig zu Mecklenburg zurück.

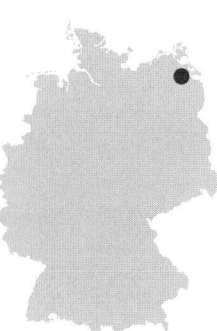

2. Oktober | Die Hebebrücke bei Wolgast | Mecklenburg-Vorpommern

Eine Klappbrücke bei Wolgast, die den Peenestrom überquert, verbindet die Bundesstraße 111 und die Eisenbahnlinie der Usedomer Bäder-Bahn mit Usedom. Entlang des Ostseeufers der Insel führen Straße und Bahn bis in den östlichsten Zipfel der Bundesrepublik zur polnischen Grenze bei Swinemünde. Die Peenebrücke ist zusammen mit der Hubbrücke bei Zecherin die einzige Verbindung vom Festland zur Insel. Usedom ist Deutschlands zweitgrößtes Eiland und gilt als »Badewanne der Berliner«; in weniger als drei Stunden sind die Seebäder von der Hauptstadt aus zu erreichen.

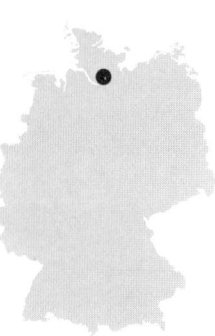

3. Oktober | Die Hafenanlage | Hamburg

Das Gelände des Hamburger Hafens misst fast hundert Quadratkilometer; an den Kais haben 500 Seeschiffe gleichzeitig Platz. Jährlich löschen über 12 000 Schiffe hier ihre Ladung, was sechzig Millionen Tonnen Güterumschlag bedeutet. 140 000 Beschäftigte leben von dem Geschehen im Hafen. Waren, die in Hamburg nur umgeladen werden, um dann auf anderen Schiffen international weitertransportiert zu werden, verbleiben im Freihafen. Innerhalb dieses Zollfreigebiets wird der Schiffs- und Warenverkehr ohne Formalitäten abgewickelt.

4. Oktober | Die Hafenanlage | Hamburg

Der Hamburger Hafen liegt 104 Kilometer von der Elbe-Mündung bei Cuxhaven entfernt. Seit dem 12. Jh. können Seeschiffe diesen offenen Tidehafen trotz eines Gezeitenhubs von fast drei Metern auch bei Niedrigwasser anlaufen. 33 Hafenbecken sind tief genug für Seeschiffe; in weiteren 27 Hafenbecken können Binnenschiffe be- und entladen werden.

5. Oktober | Die Elbe bei Glückstadt | Schleswig-Holstein

In Glückstadt, heißt es, gibt es die besten Matjesheringe. Seit 1968 werden an jedem dritten Donnerstag im Juni die »Glückstädter Matjeswochen« eröffnet, welche die Spezialität der Elbstadt über ihre Grenzen hinaus berühmt gemacht haben. Die Heringe stammen aus der Nordsee, aber auch in der Elbe kann man Speisefische fangen. Im Brackwasser des Mündungsgebiets schwimmen Flunder und Kaulbarsch; dem Flusslauf aufwärts folgend finden die Fischer Aal, Brachse und Plötze.

6. Oktober | Die Fehmarnsundbrücke | Schleswig-Holstein

Die Fehmarnsundbrücke, eine 934 Meter lange und 21 Meter breite Stahl- und Betonkonstruktion, verbindet die Insel Fehmarn mit dem Festland. Die Fahrbahn ist mit Drahtseilen an zwei geschwungenen Stahlträgern befestigt, weswegen die Brücke auch »Kleiderbügel« genannt wird. Die Fehmarnsundbrücke ist ein wichtiger Teil der »Vogelfluglinie«, deren Name von der gleich verlaufenden Flugroute der Wildgänse von Skandinavien in den Süden herrührt. Die »Vogelfluglinie« ist die kürzestmögliche Verkehrsverbindung von Hamburg nach Kopenhagen unter Einschluss einer Fährverbindung zwischen Puttgarden auf Fehmarn und Rødby in Dänemark.

7. Oktober | Das Breitenburger Moor | Schleswig-Holstein

Eine Hinterlassenschaft der Eiszeit in Norddeutschland ist die vielerorts von Mooren durchzogene Moränenlandschaft. Südöstlich von Itzehoe bei der Ortschaft Breitenburg mit dem gleichnamigen Schloss erstreckt sich das Breitenburger Moor. Der hier abgebaute Torf dient kaum mehr als Heizmaterial, sondern meist zur Bodenverbesserung in Gärten. Von dem einst riesigen Hochmoor befinden sich heute nur noch isolierte Restflächen in ihrem natürlichen Zustand.

8. Oktober | Ackerland bei Warendorf | Nordrhein-Westfalen

In der Münsterländer Tieflandsbucht bestimmt Ackerbau das Landschaftsbild. Während der Nacht hat ein sanfter, aber kalter Luftstrom den Baum mit Reif überzogen; die bodennahen Luftschichten jedoch blieben liegen, und es gab keinen Bodenfrost. Der geologische Untergrund der auch »Westfälische Bucht« genannten Region ist eine Platte aus der Oberkreide; sie ist etwa achtzig Millionen Jahre alt. Die aufgelagerten Sande und Tone stammen aus dem Oligozän vor dreißig Millionen Jahren. Als Ton bezeichnet man Korngrößen von unter 0,002 Millimetern, als Schluff Körner von 0,002 bis 0,063 Millimetern und als Sand Korngrößen von bis zu zwei Millimetern.

9. Oktober | Der Pfälzer Wald | Rheinland-Pfalz

Die Region Pfälzer Wald ist das größte zusammenhängende Waldgebiet Deutschlands. 76 Prozent ihrer Fläche sind heute wieder von Wäldern bedeckt. Dies ist das Resultat von Aufforstungsbemühungen in den 1950er und 1960er Jahren. Damals pflanzte man vor allem schnellwüchsige Baumarten wie die europäische Lärche und die Douglasie an. Auch in den Jahrhunderten davor war der Pfälzer Wald nicht nur Natur-, sondern auch Wirtschaftsraum. Höhe, Hangneigung und Lage waren entscheidend für die Wahl der Baumarten in den Forstbetrieben. Schattige Hänge bestockte man mehr mit Fichten, sonnige Lagen mit Kiefern. An feuchteren Standorten stehen Buchen und im inneren Pfälzer Wald die wertvollen Traubeneichen.

10. Oktober | Ein Teich bei Schloss Moritzburg | Sachsen

Der erste Reif hat sich in einer kalten Nacht in einem der abgelassenen Teiche bei Schloss Moritzburg gebildet. Sächsische Adelsherren ließen ab dem 15. Jh. im flachen, sumpfigen Promnitztal Fischteiche anlegen, die bis heute zur Karpfenaufzucht verwendet werden. Wegen seines Reichtums an seltenen Pflanzen und Tieren wurde das Moritzburger Teichgebiet zum Landschaftsschutzgebiet erklärt. Über 200 Vogelarten leben dort auf kleinem Raum. Aufregung gab es im Oktober 1996, als im Teichgebiet Teile des verschollenen Hofsilbers des einstigen Markgrafengeschlechts der Wettiner entdeckt wurden. Tafelsilber und Arbeiten des Hofjuweliers waren im Zweiten Weltkrieg in Kisten verpackt und vergraben worden.

11. Oktober | Schloss Neuschwanstein | Bayern

Schloss Neuschwanstein ist untrennbar verbunden mit dem bayerischen »Märchenkönig« Ludwig II. Schon als Jugendlicher träumte er auf Schloss Hohenschwangau von der Nachbildung einer mittelalterlichen Königsburg auf einem Felsen über der Pöllat-Schlucht, die er »Neue Burg Hohenschwangau« nennen wollte. Später identifizierte sich Ludwig zunehmend mit Parzival und dem Gralsmythos und plante eine Gralsburg wie in Wagners *Lohengrin*. Im Jahr 1869 begann er, seinen Traum in die Tat umzusetzen, doch noch ehe der Bau vollendet war, erfüllte sich sein Schicksal. Für geisteskrank erklärt, wurde er Anfang Juni 1886 in Haft genommen und nach Schloss Berg gebracht, wo er am 13. Juni unter ungeklärten Umständen im Starnberger See ertrank.

12. Oktober | Die Osterseen | Bayern

Zu dem 1981 eingerichteten Naturschutzgebiet Osterseen südlich des Starnberger Sees gehören 21 wassergefüllte, moorige Mulden. Sie liegen verstreut zwischen Gletscherablagerungen, die nach dem Ende der letzten Eiszeit vor etwa 10 000 Jahren zurückblieben. Die Mulden entstanden, als die großen Eisblöcke nur langsam schmolzen, weil sie von Schutt umgeben waren. Gespeist werden die Osterseen durch verschiedene Grundwasserquellen, die so genannten Gumpen. Das Farbenspiel an ihren Ufern geht auf den kalkhaltigen Untergrund zurück.

13. Oktober | Eine Kapelle bei Blaubeuren | Baden-Württemberg

Unweit von Blaubeuren findet sich in der Flur an einem Feldweg diese Kapelle. Hier im Stauferland am Südrand der mittleren Schwäbischen Alb gründeten Benediktinermönche im 11. Jh. ein Kloster. Nahe der ehemaligen Abtei entspringt in einer 21 Meter tiefen Karstquelle im Blautopf der kleine Fluss Blau, der über Blaustein nach Ulm zur Mündung in die Donau fließt. In der Region lebten schon vor rund 30 000 Jahren Menschen als Jäger und Sammler, was beispielsweise durch Funde von geschnitztem Mammut-Elfenbein in den zahlreichen Karsthöhlen belegt ist.

14. Oktober | Schloss Zwingenberg | Baden-Württemberg

Schloss Zwingenberg ist eine der wenigen Neckarburgen, die in den letzten 550 Jahren nicht erobert wurden. Der Bergfried und die Schildmauer mit ihren mächtigen Buckelquaderwänden thronen schon seit dem 13. Jh. über der Neckarschleife. Auf der Burg herrschten bis 1363 die Zwingenberger, Lehensmänner der Grafen von Hohenlohe und zugleich Raubritter. Von vorbeifahrenden Schiffen erhoben sie willkürlich Zoll. Wenn die Besatzung nicht freiwillig zahlte, erzwangen die Zwingenberger es mit Gewalt. Sie scheuten sich auch nicht, Geiseln zu nehmen, um Lösegeld zu erpressen.

15. Oktober | Der Steigerwald | Bayern

Das Süddeutsche Schichtstufenland, das sich zwischen Rhön und Donau erstreckt, besteht aus Sedimentgesteinen. Durch Verwitterung und Abtragung bildeten sich typische Stufen, die besonders eindrucksvoll in der Schwäbischen und Fränkischen Alb, aber auch im Steigerwald zu sehen sind. Letztlich führte die Stufe des »steigenden Waldes« zu dem Namen Steigerwald. An den Steilhängen wächst auf dem Keuperboden Frankenwein, der eine andere Geschmacksnote hat als der Wein der Muschelkalkhänge des Maintals.

16. Oktober | Das Wiesent-Tal | Bayern

Bei Ebermannstadt erstreckt sich das Tal der Wiesent in die Länge und Breite. Kurz davor noch wand sich der Fluss in heftigen Schlingen durch die Fränkische Schweiz, doch hier, vor Forchheim und der Mündung in die Regnitz, lässt das Gefälle nach, und das Wasser beruhigt sich. Aus dem Naturpark strömt über das Leinleitertal und den Trubach noch Wasser zu. Einzeln ragt das »Walberla« (mit richtigem Namen »Ehrenbürg«) aus dem Herbstdunst heraus, ein Berg, um dessen Walpurgis-Kapelle herum alljährlich am ersten Maisonntag das Walberlafest stattfindet. Auf Wacholderheide und Wiesenhängen feiern Zehntausende eine der größten Bergkirchweihen und das wohl älteste deutsche Frühlingsfest.

17. Oktober | Das Residenzschloss Schwerin | Mecklenburg-Vorpommern

Mit einer großen Feier endete 1857 die Umgestaltung des herzoglichen Residenzschlosses von Schwerin. Man hatte die Renaissanceanlage aus dem 16. Jh. modernisiert und sie achitektonisch an den Neorenaissance-Stil des Loireschlosses Chambord angelehnt. Im Schweriner Schloss sind heute der Landtag des Bundeslandes Mecklenburg-Vorpommern und ein Museum untergebracht, das unter anderem Möbel des 18. und 19. Jhs. sowie eine Porzellan- und Gemäldesammlung beinhaltet. Die Schlossinsel liegt im Schweriner See, der zu den rund 600 Gewässern der Mecklenburger Seenplatte zählt.

18. Oktober | Die Insel Sassau im Walchensee | Bayern

Die Insel Sassau im Walchensee darf von Menschen nicht betreten werden. 500-jährige Eiben und andere, selten gewordene Pflanzen wachsen dort. Auch die Wasser des Sees bergen Raritäten: Alten Erzählungen nach befinden sich auf dem Grund viele geheimnisvolle Gegenstände – bis hin zu Schätzen. Eine düstere Weissagung beschreibt einen Riesenfisch im Walchensee, der mit einem einzigen Schlag seines Schwanzes die Felsen zertrümmern, den See zum Überlaufen bringen und somit eine zweite Sintflut auslösen könnte. Tatsache ist, dass der reiche Fischbestand in dem reinen Wasser mit Güteklasse 1 viele Angler anzieht.

19. Oktober | Der Grunewald | Berlin

Der Grunewald im westlichen Bereich von Berlin endet an der seeartig verbreiterten Havel. Mehrere Naturschutzgebiete mit zusammen 111 Hektar Fläche gehören zu diesem ehemaligen Jagdrevier des preußischen Herrscherhauses. Ausflugsziel der Berliner wurde das Gebiet erst Ende des 19. Jhs., als es noch »Spandauer Forst« hieß. Der Grunewald besitzt einen artenreichen Vogel- und Wildbestand mit Reh-, Dam- und Muffelwild sowie Wildschweinen. Besondere Biotope haben sich innerhalb des Waldgebiets in eiszeitlichen Schmelzwasserrinnen mit Moorgebieten ausgebildet.

20. Oktober | Der Reichstag | Berlin

Symbolträchtige Bauwerke, als Deutschland noch geteilt war: Das Reichstagsgebäude – hier vor dem Umbau – ist heute wieder Sitz des gesamtdeutschen Parlaments. 1894 von Paul Wallot errichtet, wurde es 1933 durch Brandstiftung schwer beschädigt und im Zweiten Weltkrieg zerstört. Den S-Bahnhof Friedrichstraße benutzten Hunderttausende bei einem Besuch in Ostberlin als Übergang. Das 25-geschossige Hochhaus des Internationalen Handelszentrums sollte ostdeutsche Wirtschaftsmacht darstellen.

21. Oktober | Der verhüllte Reichstag | Berlin

Bevor die Bundesregierung von Bonn nach Berlin umzog, durfte das Künstlerpaar Christo und Jeanne-Claude nach 23-jährigen Bemühungen den Reichstag verhüllen. 100 000 Quadratmeter Polypropylengewebe mit einer aluminisierten Oberfläche sowie 15 600 Meter blaues Polypropylenseil flossen in das spektakuläre Kunstwerk ein, das zwei Wochen lang zu bewundern war. Stoffbahnen haben nach Christo wie die Kleidung oder die Haut etwas Zartes und Empfindliches. Sie verdeutlichen die Einzigartigkeit des Vergänglichen, das auch in der wechselhaften Geschichte des Reichstags zum Ausdruck kommt. Bleibenden Eindruck allerdings hinterließ das kontrovers diskutierte Verhüllungsspektakel bei Berlinern und begeisterten Besuchern.

22. Oktober | Die Siegessäule | Berlin

Am Großen Stern, wo fünf Hauptstraßen aufeinander treffen, befindet sich heute die Siegessäule. Von 1873 bis 1938 stand die »Goldelse«, wie das Monument seiner Farbe wegen von den Berlinern genannt wird, vor dem Reichstag. Das 67 Meter hohe Denkmal aus Sandstein mit der acht Meter hohen goldenen Statue der Viktoria erinnert an die Siege Preußens in den Kriegen gegen Dänemark 1864, Österreich 1866 und Frankreich 1870/71. Hinter dem Reichstagsgebäude erkennt man das moderne Internationale Handelszentrum und den Fernsehturm. Das Foto entstand vor der Wiedervereinigung und zeigt noch die Mauer und das »Haus der Ministerien« rechts oben.

23. Oktober | Felder bei Vettweiß | Nordrhein-Westfalen

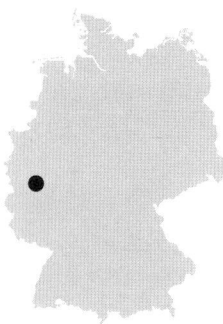

Gleich unterhalb des deutsch-belgischen Naturparks Hohes Venn in Richtung Kölner Bucht liegt die Zülpicher Börde. Zwischen Düren und Vettweiß werden Böden landwirtschaftlich genutzt, die Tonminerale und färbende Eisenoxidhydrate enthalten. Diese Braunerde weist einen günstigen Wasser- und Stickstoffhaushalt auf.

24. Oktober | Bei Coesfeld | Nordrhein-Westfalen

Wenn der Herbst beginnt, verfärben sich die Blätter der heimischen Laubbäume. Eine Vielzahl von Farbpigmenten bestimmt ihr Aussehen; meist überwiegt das fotosynthetisch aktive, grüne Chlorophyll. Dieses Blattgrün verschwindet zuerst aus den Blättern, sobald die Tage kürzer werden und die Intensität der Sonneneinstrahlung abnimmt; die anderen Farbstoffe bleiben zurück. In erster Linie sind dies Carotinoide, gelbe Farbpigmente, die auch in der Karotte und im Gefieder von Kanarienvögeln vorkommen. Der rote Farbton macher Blätter kommt daher, dass sich mit dem Schwund des Chlorophylls der Zellsaft umfärbt; der Farbstoff Anthocyan entsteht, ähnlich wie bei der Reifung von Tomaten.

25. Oktober | Der Nationalpark Kellerwald | Hessen

Der Kellerwald südlich des Ederstausees diente in früherer Zeit als fürstliches Jagdrevier und als Viehweide. Nicht nur zahlreiche Laubbäume finden sich auf den Ederhöhen und im Wildunger Bergland – ein paar freie Wiesengründe gibt es auch. Schließlich leitet sich das Wort Kellerwald vermutlich von »Köhlerwald« oder »kahler Wald« ab – beides deutet auf das Abholzen hin. Bis zur Mitte des 19. Jhs. benötigten die Menschen Holzkohle als Brennstoff, um Eisen- und Kupfererze zu gewinnen. Heute zählt der Kellerwald zu den letzten unzerschnittenen Laubwaldgebieten Mitteleuropas; besonders der Bestand an Rotbuchen ist außergewöhnlich hoch. Im Jahr 2003 wurde beschlossen, das Gebiet als Nationalpark zu schützen.

26. Oktober | Schwerin | Mecklenburg-Vorpommern

Mit rund 100 000 Einwohnern ist Schwerin die kleinste Hauptstadt eines deutschen Bundeslandes. Seit ihrer Gründung durch Heinrich den Löwen im Jahr 1160 war sie – mit zwei Unterbrechungen – kultureller und politischer Mittelpunkt Mecklenburgs. Die »Stadt der Seen und Wälder« am Rande der Mecklenburgischen Seenplatte ist von sieben Gewässern umgeben. Der Burgteich und der Pfaffenteich erstrecken sich sogar bis in die Innenstadt. Der Schweriner See dehnt sich zwanzig Kilometer in Richtung Norden aus, wo kurz hinter Bad Kleinen die im 16. und 17. Jh. gescheiterten Versuche eines Kanalbaus nach Wismar als »Wallensteingraben« zu besichtigen sind.

27. Oktober | Das Kiliani-Volksfest in Würzburg | Bayern

Alljährlich im Juli feiern die Würzburger das Kiliani-Volksfest. Gleichzeitig findet eine kirchliche Prozession statt, bei der die Gläubigen die Reliquien der Stadtheiligen Kilian, Kolonat und Totnan in den Kiliansdom tragen, wo sie während der Wallfahrtswoche zu sehen sind. Die drei irischen Wanderprediger waren im Jahre 689 im Auftrag der Gattin des fränkischen Herzogs, Gailana, ermordet und in einem Pferdestall hastig vergraben worden. Aufgrund der Unruhe der Pferde wurden die Leichname jedoch bald entdeckt. Rom stufte die christlichen Prediger als Märtyrer ein und sprach sie heilig. An der Stelle des Pferdestalls errichteten die Bürger im 11. Jh. das Neumünster, in dessen Krypta die Gebeine der Heiligen aufbewahrt werden.

28. Oktober | Das Wiehengebirge | Nordrhein-Westfalen

Aus dem norddeutschen Tiefland erhebt sich als nördlichster Vorsprung der deutschen Mittelgebirgsschwelle das Wiehengebirge. Zwischen Osnabrück und Porta Westfalica erstreckt sich der etwa zehn Kilometer breite und sechzig Kilometer lange Höhenzug. Sein Untergrund besteht aus Sandstein, der vielerorts von Jura- und Kreidegestein überlagert wird. Als Stufen- und Kammbilder taucht auch der besonders harte Korallen-Oolith des Malms auf. Die insgesamt geringe Höhe des Wiehengebirges erklärt sich daraus, dass kein Gebirge aufgefaltet wurde, sondern als Ausgangsform eine weit gespannte Rumpffläche bestand, aus der erst in den letzten hundert Millionen Jahren durch Erosion ein wenig Profil herausgearbeitet wurde.

29. Oktober | Das Hochsauerland | Nordrhein-Westfalen

Ein Flug über das Rothaargebirge zeigt den Charakter dieses Rumpfschollengebirges im Hochsauerland: um 800 Meter hohe Bergkuppen, tief eingeschnittene Täler, gelegentlich Wiesen, Heiden, Moore und vor allem Wälder – die Region gilt als waldreichster Gebirgszug Deutschlands. Im Naturpark Rothaargebirge finden Naturkenner seltene Pflanzen wie den eisenhutblättrigen Hahnenfuß, den Alpenmilchlattich, das Silberblatt oder den Waldstorchschnabel. Der Name Sauerland kommt von Süderland, was ursprünglich für das südliche Westfalen stand.

30. Oktober | Der Feldberg | Baden-Württemberg

Die drei Gipfel des Feldbergs bilden zusammen mit zwei Hochebenen eine subalpine Insel im Schwarzwald. In den von der Eiszeit geformten Schluchten, Mooren und Blockschutthalden hat sich eine eigentlich alpine Vegetation erhalten: Alpen-Löwenzahn, Gelber Enzian, Silberdistel und andere Pflanzenarten wachsen hier. Zwei Eiszeiten sind nachgewiesen; zur Maximalzeit der letzten reichten die Gletscher bis auf eine Höhe von 800 Metern über dem Meeresspiegel hinab. Besonders der südliche Schwarzwald war vollkommen vergletschert. Davon zeugen heute auch Karseen wie der Feldsee; sie entstanden aus Mulden, die von den Eismassen in die Hänge gegraben wurden und sich mit Schmelzwasser füllten.

31. Oktober | Die Alte Sorge | Schleswig-Holstein

Die Flusslandschaft Eider–Treene–Sorge ist eine ländliche Region im Binnenland Schleswig-Holsteins. Durch wiederholte Vermoorungen und Überschlickungen mit Gezeitensedimenten entwickelte sich hier ein ausgedehntes Niederungsgebiet. So haben die Flüsse kaum noch Strömung und bilden im Marsch- und Moorland starke Schlingen aus. Obwohl die Nordsee in der Region Stapelholm dreißig Kilometer weit entfernt liegt, wirken sich selbst hier ihre Gezeiten aus: Über die Eider lief früher der Rückstau der Flut bis ins Landesinnere hoch – sogar bis in die Alte Sorge. Im 17. Jh. wurden deshalb Sperrwerke in das Flüsschen gebaut, damit das Wasser der Alten Sorge nur noch zur Eider und nicht mehr umgekehrt fließen kann.

1. November | Das Benediktinerkloster Neresheim | Baden-Württemberg

Erhaben liegt das Benediktinerkloster Neresheim auf dem Ulrichsberg. Die spätbarocke Abteikirche wurde nach dem Entwurf des Baumeisters Balthasar Neumann von 1750 bis 1792 errichtet. Die Fresken für ihre sieben Kuppeln gestaltete der Kirchenmaler Martin Knoller nach Szenen aus der Bibel. Das Kloster ist der Beuroner Benediktinerkongregation angeschlossen und gehört zur Diözese Rottenburg-Stuttgart. Unter den Wolken verbirgt sich die Stadt Neresheim mit ihren 8300 Einwohnern.

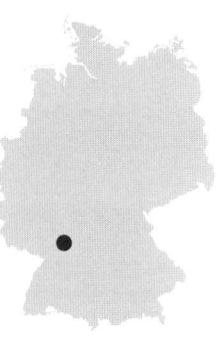

2. November | Der Neckar bei Binau | Baden-Württemberg

Den geologischen Untergrund des Odenwalds bildet ein Rumpfgebirge mit Gesteinen aus dem Erdaltertum. Darüber liegende Schichten aus dem Erdmittelalter (vor 248 bis 65 Millionen Jahren) sind größtenteils abgetragen. Auf den nur wenig ertragreichen Böden wachsen ausgedehnte Wälder. Der südliche Teil des Naturparks Neckartal-Odenwald geht über in die Region Kraichgau. Der Neckar hat sich auf seinem Weg zum Rhein in den Buntsandstein tief eingeschnitten und bildet bei Binau unweit von Mosbach eine Schleife. Im Dunst verborgen über dem Fluss liegt die Burgruine Dauchstein.

3. November | Der Main bei Gemünden | Bayern

Sinn und Saale hat der Main in Gemünden bereits aufgenommen, und in seinem unsteten Verlauf fließt er wieder einmal nach Südwesten. Die ICE-Bahntrasse folgt dem Maintal Richtung Lohr. Auf der Sohlhöhe im Spessart oberhalb von Neuendorf wurde das Oberbecken des Pumpspeicherkraftwerks Sindersbach angelegt, das mit einem tiefer liegenden Wasserbecken korrespondiert. Das Kraftwerk dient der Stromgewinnung in Hauptverkehrszeiten der Bahn. In verkehrsschwachen Zeiten wird das Wasser wieder ins Oberbecken zurückgepumpt.

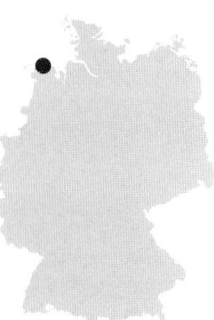

4. November | Langeoog, Baltrum und Norderney | Niedersachsen

Vor der Nordseeküste liegen die ostfriesischen Inseln Langeoog, Baltrum und Norderney. Bei einer schweren Sturmflut an Weihnachten 1717 brachen die Randdünen der Insel Langeoog am großen und kleinen Schlopp, und sie zerteilte sich. Die Insel entvölkerte sich und wurde nur langsam wieder besiedelt. 1825 wurde sie durch eine weitere schwere Flut beschädigt. Erst 1906, nach fast 200 Jahren, machte man die Dünen am großen Schlopp durch einen Deich wieder hochwassersicher. An der flachen Wiesenlandschaft erkennt man noch heute, wo bis dahin das Wasser stand. 1830 kam der erste Badegast nach Langeoog, seit 1949 ist die Insel Nordseeheilbad. Mit 19,9 Metern erhebt sich hier Melkhörn, die höchste Düne Ostfrieslands.